W0357914

Dr. Oetker

Rezepte ohne Fleisch

Dr. Oetker

Rezepte ohne Fleisch

Dr. Oetker Verlag

Rezepte ohne Fleisch

Nur noch Bratlinge? Da muss es doch noch mehr geben.

Folgen Sie uns auf eine kulinarischen Entdeckungsreise in eine Rezeptwelt ohne Fisch & Fleisch.

Vegetarische Küche liegt nach zahlreichen Skandalen um tierische Produkte voll im Trend, nicht nur bei strengen Vegetariern und Veganern. Gesundheitsbewusste Verbraucher, die weniger Fleisch essen (Neudeutsch Flexitarier), aber auf Genuss nicht verzichten wollen, sind auf der Suche nach leckeren Rezepten, die ohne Fisch und Fleisch auskommen.

Also ran an die gesunde und aromatische Gemüseküche mit Hülsenfrüchten, Getreide- und Milchprodukten, Eiern, Früchten, Kräutern und Nüssen! Rund 70 Rezepte bescheren täglich kulinarische Highlights: Vegetarische Klassiker wie Spinatsuppe oder Kürbissuppe dürfen nicht fehlen. Neue Geschmackswelten eröffnen sich durch exotische und wieder entdeckte Genüsse wie Bulgur oder Grünkern, Artischocken, Mangold oder Portulak. Ihre Gäste werden begeistert sein von Semmelknödeln auf gebratenen Pilzen oder Wirsingwickeln – kurzum, mit diesen fleischlosen Rezepten wird es nie langweilig.

Wer jetzt noch behauptet, das könne nicht schmecken, kennt diese vegetarischen Gerichte noch nicht. Egal, ob Sie sich grundsätzlich vegetarisch ernähren oder einfach weniger Fleisch essen möchten, hier finden Sie wohlschmeckende Rezepte, bei denen Sie das Fleisch nicht vermissen und die auf jeden Fall gelingen.

Gerichte ohne Fleisch einfach, knackig und lecker. Probieren Sie es aus, mit den appetitlichen vegetarischen Rezepten, vielleicht nicht immer, aber immer öfter.

Alle Rezepte sind von Dr. Oetker ausprobiert und so beschrieben, dass sie garantiert gelingen.

GRATED
WASABI

30 Minuten

Für 4 Portionen:

Für den Tempurateig:

200 ml	Eiswasser
200 g	Weizenmehl
125 g	Speisestärke
30 ml	Sake (Reiswein)
1 EL	Sonnenblumenöl
	Salz
etwa 1 l	Speiseöl zum Ausbacken (z. B. Erdnuss- oder Sonnenblumenöl)
125 g	Shiitakepilze
500 g	Brokkoli
je 1	rote und gelbe Paprikaschote
500 g	Thaispargel
2	Bio-Limetten (unbehandelt, ungewachst)
250 ml	Sojasauce
45 g	Wasabi-Paste (erhältlich im Asialaden)

Zum Dahinschmelzen – mit Alkohol

Gemüsetempura mit Sojasauce, Limette und Wasabi

1. Für den Teig Eiswasser in eine Rührschüssel geben. Mehl, Speisestärke, Reiswein, Sonnenblumenöl und Salz hinzugeben. Die Zutaten kurz zu einem glatten Teig verrühren. Den Teig mindestens 30 Minuten in den Kühlschrank stellen und quellen lassen. Der Teig sollte die ganze Zeit kalt stehen, damit er gut an dem Gemüse haftet.

2. Das Speiseöl in einem hohen Topf oder in einer Fritteuse auf etwa 180 °C erhitzen.

3. In der Zwischenzeit Pilze putzen und die harten Stiele abschneiden. Pilze kurz unter fließendem kalten Wasser abspülen und trocken tupfen. Den Brokkoli putzen und in Röschen teilen. Brokkoliröschen abspülen und abtropfen lassen. Die Paprikaschoten vierteln, entstielen, entkernen und die weißen Scheidewände entfernen. Paprikaviertel nochmals längs durchschneiden. Paprikastücke abspülen und abtropfen lassen. Von dem Spargel die unteren Enden abschneiden. Spargel abspülen und abtropfen lassen.

4. Die vorbereiteten Gemüsestücke einzeln durch den Teig ziehen, am Schüsselrand abstreifen und portionsweise (je etwa 10 Stück) in dem siedenden Speiseöl 3–4 Minuten knusprig ausbacken, dabei einmal wenden.

5. Die Gemüsestücke mit einer Schaumkelle herausnehmen und auf Küchenpapier abtropfen lassen.

6. Limetten heiß abwaschen, abtrocknen und in Spalten schneiden. Das Gemüse auf einer Platte mit den Limettenspalten anrichten. Sojasauce und Wasabi-Paste dazureichen.

Zubereitungszeit: 30 Minuten, ohne Teigquellzeit

Pro Portion:

E: 17 g, F: 34 g, Kh: 82 g, kJ: 2976, kcal: 710, BE: 6,5

Tipp:

Sie erhalten fertige Tempurateig-Mischungen im Asialaden.

60 Minuten

Für 4 Portionen:

4 dünne	Frühlingszwiebeln (etwa 50 g)
etwa 150 g	Möhren
2 Stangen	Staudensellerie
100 g	Sojasprossen
1 kleine	Salatgurke (etwa 100 g)
1 Bund	Koriander
1 Bund	Minze
12 Blatt	getrocknetes Reispapier (16 cm, erhältlich im Asiamarkt)
100 g	geschälte, ungesalzene Erdnusskerne
1 kleine	Chilischote
1	Knoblauchzehe
2 EL	Sojasauce
200 ml	Kokosmilch
	Salz
1 EL	brauner Zucker
	Sojasauce
	Saft von 2 Limetten

Gut vorzubereiten – vegan

Gemüsestreifen im Reisblatt mit Erdnuss-Sauce

1. Frühlingszwiebeln putzen, abspülen, abtropfen lassen und in etwa 5 cm lange, sehr dünne Streifen schneiden. Möhren putzen, schälen, abspülen, abtropfen lassen und in sehr dünne Streifen schneiden. Sellerie putzen und die harten Außenfäden abziehen. Sellerie abspülen, abtropfen lassen und ebenfalls in schmale Streifen schneiden. Sojasprossen putzen, abspülen und abtropfen lassen. Gurke abspülen, abtrocknen und die Enden abschneiden. Gurke längs halbieren, die Kerne mit einem Löffel herausschaben. Gurkenhälften in dünne Streifen schneiden.

2. Koriander und Minze abspülen, trocken tupfen. Die Blättchen von den Stängeln zupfen.

3. Die Reispapierblätter einzeln 1–2 Minuten in nasse Geschirrtücher eingeschlagen, Reispapierblätter weich werden lassen. Zuerst einige Kräuterblättchen in die Mitte der Reispapierblätter geben, dann jeweils 1 Esslöffel der Gemüsestreifen daraufgeben. Die Seiten einschlagen. Die belegten Reispapierblätter vorsichtig aufrollen (wie eine Roulade) und mit der Öffnung nach unten auf eine Platte legen.

4. Die Erdnusskerne in einer Pfanne ohne Fett unter Rühren hellbraun rösten und auf einen Teller geben. Chilischote abspülen, trocken tupfen, entstielen und in Ringe schneiden. Knoblauch abziehen und durch eine Knoblauchpresse drücken. Erdnusskerne, Chiliringe und Knoblauch in einer Küchenmaschine zu einer glatten Paste verarbeiten.

5. Die Erdnusspaste mit der Kokosmilch in einem Topf verrühren und aufkochen lassen. Die Erdnuss-Sauce mit Salz, braunem Zucker, Sojasauce und Limettensaft abschmecken.

6. Die Gemüsestreifen mit der Erdnuss-Sauce servieren.

Zubereitungszeit: 60 Minuten

Pro Portion:
E: 12 g, F: 21 g, Kh: 27 g, kJ: 1453, kcal: 348, BE: 2,0

50 Minuten

Für 4 Portionen:

15 g	getrocknete Steinpilze
100 ml	kochendes Wasser
750 g	Strauchtomaten
2 kleine	Zwiebeln
2	Knoblauchzehen
1	rote Chilischote
2 Stängel	Thymian
7 EL	Olivenöl
8 EL	Einweichwasser (von den Steinpilzen)
	Salz
etwas	Zucker
einige	Basilikumblättchen
8 große Scheiben	Ciabatta (je etwa 30 g)
8	Eier (Größe M)

Würziger Genuss

Spiegelei-Crostini

1. Steinpilze in einem Sieb abspülen und abtropfen lassen. Pilze in eine flache Schale legen, mit kochendem Wasser übergießen, sodass die Pilze ganz bedeckt sind. Pilze etwa 30 Minuten einweichen.

2. Inzwischen die Tomaten kreuzweise einschneiden und mit kochendem Wasser übergießen. Nach 1–2 Minuten herausnehmen, mit kaltem Wasser abschrecken. Tomaten häuten, halbieren, entkernen und die Stängelansätze herausschneiden. Tomatenhälften in grobe Würfel schneiden. Zwiebeln und Knoblauch abziehen, klein würfeln.

3. Die Chilischote halbieren, entstielen, entkernen, abspülen, abtropfen lassen und klein hacken. Thymian abspülen und trocken tupfen. Die Blättchen von den Stängeln zupfen. Blättchen klein schneiden. Die eingeweichten Steinpilze leicht ausdrücken, das Einweichwasser dabei auffangen. Steinpilze grob hacken.

4. Drei Esslöffel Olivenöl in einer Pfanne erhitzen. Steinpilze, Zwiebel-, Knoblauchwürfel, Chili und Thymian darin unter Rühren andünsten. Mit dem Steinpilzwasser ablöschen, mit Salz und Zucker würzen. Die Masse bei mittlerer Hitze unter gelegentlichem Rühren dickflüssig einkochen lassen.

5. Den Backofengrill vorheizen.

6. Die Basilikumblättchen abspülen, trocken tupfen, klein schneiden und mit 2 Esslöffeln Olivenöl vermischen.

7. Die Brotscheiben auf einem Backofenrost verteilen. Den Rost unter den vorgeheizten Backofengrill schieben. Die Brotscheiben kurz von beiden Seiten rösten.

8. Restliches Olivenöl in einer weiten Pfanne erhitzen. Die Eier vorsichtig aufschlagen und nebeneinander in das Fett gleiten lassen (evtl. in 2 Portionen). Eiweiß mit Salz bestreuen. Die Eier etwa 5 Minuten bei mittlerer Hitze braten, bis das Eiweiß fest ist.

9. Die heiße Steinpilz-Zwiebel-Masse auf den Brotscheiben verteilen und mit jeweils 1 Spiegelei belegen. Spiegelei-Crostini mit dem Basilikumöl beträufeln und servieren.

Zubereitungszeit: 50 Minuten, ohne Einweichzeit

Pro Portion:
E: 21 g, F: 29 g, Kh: 37 g, kJ: 2075, kcal: 495, BE: 2,5

30 Minuten

Für 2 Portionen:

500 g	weißer Spargel
500 g	grüner Spargel
	Salzwasser
4	Filoteigblätter
2 EL	zerlassene Butter
125 g	Crème double
2	Eier (Größe M)
	Salz
1 EL	gerebelter Estragon
	Cayennepfeffer
1 EL	ger. Parmesan

Außerdem:

etwas	Butter für die Form

Zum Dahinschmelzen

Tarte von grünem und weißem Spargel

1. Den weißen Spargel von oben nach unten schälen. Dabei darauf achten, dass die Schalen vollständig entfernt, die Köpfe aber nicht verletzt werden. Die unteren Enden abschneiden (holzige Stellen vollkommen entfernen). Von dem grünen Spargel das untere Drittel schälen und die unteren Enden abschneiden.

2. Den weißen Spargel in kochendem Salzwasser etwa 10 Minuten garen. Anschließend mit einer Schaumkelle herausnehmen. Den grünen Spargel in dem verbliebenen Spargelwasser etwa 3 Minuten garen und ebenfalls mit der Schaumkelle herausnehmen.

3. Den Backofen vorheizen.
   Ober-/Unterhitze: etwa 220 °C
   Heißluft: etwa 200 °C

4. Die Filoteigblätter mit der Butter bestreichen und leicht überlappend in eine rechteckige Form (etwa 30 x 20 cm, mit Butter gefettet) legen. Den überhängenden Teig mit einer Schere abschneiden.

5. Crème double mit den Eiern verschlagen, mit Salz, Estragon, Cayennepfeffer und Parmesan würzen. Die Eiermasse auf den Teigblättern verstreichen. Die Spargelstangen darauf verteilen.

6. Die Form auf dem Rost in den vorgeheizten Backofen schieben. Die Tarte **etwa 20 Minuten backen.**

Zubereitungszeit: 30 Minuten
Garzeit: etwa 20 Minuten

Pro Portion:
E: 22 g, F: 55 g, Kh: 35 g, kJ: 3040, kcal: 731, BE: 2,5

70 Minuten

Für 8 große Stücke:

Für den Teig:

100 g	kalte Butter
250 g	Weizenmehl
1 gestr. TL	Salz
100 ml	sehr kaltes Wasser
1 TL	Weißweinessig

Für den Belag:

700 g	Gemüsezwiebeln
2	Knoblauchzehen
5 EL	Olivenöl
1 TL	Fenchelsamen
	Salz
	gem. schwarzer Pfeffer
175 ml	trockener Weißwein
75 g	Crème fraîche
50 g	Schlagsahne
1	Ei (Größe L)
1	Eigelb (Größe L)
je 3 Stängel	Thymian und Oregano
50 g	schwarze Oliven, mit Stein, z. B. Kalamata
75 g	Parmesan (am Stück)

Außerdem:

10 g	Butter für die Form

Würziger Genuss – mit Alkohol

Zwiebeltarte

1. Für den Teig kalte Butter in kleine Würfel schneiden. Mehl mit Salz in einer Rührschüssel mischen. Die Butterwürfel darauf verteilen. Kaltes Wasser mit Essig verrühren und in die Mitte des Mehls geben. Die Zutaten schnell mit den Händen zu einem Teig verkneten und zu einer Kugel formen. Die Teigkugel in Frischhaltefolie gewickelt etwa 30 Minuten in den Kühlschrank legen.

2. Für den Belag Zwiebeln und Knoblauch abziehen. Zwiebeln längs halbieren und in etwa ½ cm dicke Spalten schneiden. Knoblauch sehr klein schneiden. Olivenöl in einem weiten Topf erhitzen. Zwiebeln, Knoblauch und Fenchelsamen darin bei starker Hitze unter Rühren kräftig andünsten. Mit Salz und Pfeffer würzen. Mit Weißwein ablöschen und ganz einkochen lassen, bis fast keine Flüssigkeit mehr vorhanden ist. Dabei ab und zu umrühren.

3. Den Backofen vorheizen.
   Ober-/Unterhitze: etwa 200 °C, Heißluft: etwa 180 °C

4. Den Teig auf einer leicht bemehlten Arbeitsfläche zu einer runden Platte (Ø 31–32 cm) ausrollen, in eine Tarteform (Ø 28 cm, mit Butter gefettet) legen und leicht andrücken. Den Teigrand glatt abschneiden, den Teigboden mehrmals mit einer Gabel einstechen. Die Form auf dem Rost in den vorgeheizten Backofen (unteres Drittel) schieben. Boden **15–18 Minuten vorbacken.**

5. Die Form auf einen Kuchenrost stellen. Die Backofentemperatur auf Ober-Unterhitze: etwa 180 °C, Heißluft: etwa 160 °C herunterschalten.

6. Crème fraîche mit Sahne, Ei und Eigelb verrühren, mit etwas Salz würzen. Thymian und Oregano abspülen und trocken tupfen. Die Blättchen von den Stängeln zupfen. Blättchen klein schneiden, unter die Eiersahne rühren. Die Oliven vom Stein schneiden. Die Zwiebelmasse mit den Oliven auf den vorgebackenen Boden geben. Die Eier-Kräuter-Sahne darauf verteilen. Den Käse grob raffeln und daraufstreuen. Die Form wieder auf dem Rost in den heißen Backofen (unteres Drittel) schieben. Die Zwiebeltarte **18–20 Minuten backen.**

7. Die Form auf einen Kuchenrost stellen. Tarte lauwarm servieren.

Zubereitungszeit: 70 Minuten, ohne Kühlzeit
Backzeit: 33–38 Minuten

Pro Stück:
E: 9 g, F: 28 g, Kh: 29 g, kJ: 1771, kcal: 424, BE: 2,0

35 Minuten

Für 4 Portionen:

2	hart gekochte Eier
500 g	weißer Spargel
500 g	grüner Spargel
2	Schalotten
200 g	Cocktailtomaten
60 g	junger Blattspinat
150 ml	Gemüsebrühe
2 EL	Butter
	Salz
	gem. Pfeffer
150 g	Instant-Couscous (Hartweizengrieß)
1	Bio-Zitrone (unbehandelt, ungewachst)
3 EL	Olivenöl
1 Bund	Minze

Raffiniert

Couscous mit grünem und weißem Spargel, Minze und Ei

1. Die Eier pellen und evtl. mit einem Eierschneider achteln.

2. Den weißen Spargel von oben nach unten schälen. Darauf achten, dass die Schalen vollständig entfernt, die Köpfe aber nicht verletzt werden. Die unteren Enden abschneiden (holzige Stellen vollkommen entfernen). Spargel abspülen, abtropfen lassen, schräg in mundgerechte Stücke schneiden. Von dem grünen Spargel nur das untere Drittel schälen und die Enden abschneiden. Spargel abspülen, abtropfen lassen und ebenfalls schräg in mundgerechte Stücke schneiden.

3. Die Schalotten abziehen, zuerst in Scheiben schneiden, dann in Ringe teilen. Die Cocktailtomaten abspülen, trocken tupfen und evtl. die Stängelansätze herausschneiden. Den Blattspinat putzen, gründlich waschen und abtropfen lassen.

4. Butter in einem Topf zerlassen. Schalottenringe darin andünsten. Weiße Spargelstücke hinzugeben, Brühe hinzugießen. Mit Salz und Pfeffer würzen. Die weißen Spargelstücke etwa 5 Minuten bei mittlerer Hitze unter Rühren dünsten. Dann die grünen Spargelstücke hinzugeben, weitere etwa 5 Minuten mitdünsten lassen. Die Cocktailtomaten zu den Spargelstücken geben und kurz mit andünsten.

5. In der Zwischenzeit Couscous nach Packungsanleitung zubereiten. Die Zitrone heiß abwaschen, abtrocknen und die Schale fein abreiben. Zitrone halbieren und den Saft auspressen. Minze abspülen und trocken tupfen. Die Blättchen von den Stängeln zupfen, Blättchen klein schneiden. Den garen Couscous mit einer Gabel auflockern und vorsichtig unter das Gemüse heben. Mit Olivenöl, Zitronenschale, -saft, Minze, Salz und Pfeffer abschmecken.

6. Couscous auf einer großen Platte anrichten, mit den Eierspalten und Spinat garnieren.

Zubereitungszeit: 35 Minuten

Pro Portion:
E:.13 g, F: 19 g, Kh: 36 g, kJ: 1552, kcal: 370, BE: 2,5

Tipp:
Dazu passt scharfer Zitronenjoghurt.

20 Minuten

Zum Mitnehmen

Vollkornsandwiches

Für je 4 Stück:

Für die Super-frisch-saftig-Sandwiches:

1 geh. EL	Sesamsamen
100 g	Möhren
100 g	Fenchelknolle
2 EL	Olivenöl
2	Clementinen (etwa 200 g)
2 Blätter	Radicchio (etwa 15 g)
8 Scheiben	Vollkorn-Sandwichbrot (560 g)
400 g	Hüttenkäse
¼ Kästchen	Kresse

Für die Tahini-Gurken-Sandwiches:

225 g	Frischkäse (Doppelrahm-Frischkäse oder fettarmer Frischkäse)
1 TL	gem. Kreuzkümmel (Cumin)
2 EL	Tahini-Paste (Sesampaste)
	Salz
50 g	Cocktailtomaten
150 g	Salatgurke
2 Stängel	glatte Petersilie
1 Stängel	Minze
8 Scheiben	Vollkorn-Sandwichbrot

1. Für die Super-frisch-saftig-Sandwiches Sesam in einer Pfanne ohne Fett unter Wenden goldbraun rösten und auf einen Teller geben.

2. Möhre(n) putzen, schälen, abspülen, abtropfen lassen. Fenchel putzen, abspülen, abtropfen lassen. Beides auf der groben Seite einer Haushaltsreibe raffeln, mit Olivenöl vermischen.

3. Clementinen pellen, in dünne Scheiben schneiden. Die Scheiben jeweils einmal halbieren. Radicchioblätter abspülen, abtropfen lassen und in feine Streifen schneiden. Die Brotscheiben mit dem Hüttenkäse bestreichen und mit dem Sesam bestreuen. 4 der Brotscheiben zuerst mit der Möhren-Fenchel-Mischung, dann mit den Clementinenscheiben und zuletzt mit den Radicchiostreifen gleichmäßig belegen.

4. Kresse abspülen, trocken tupfen, vom Beet schneiden und daraufstreuen. Restliche Brotscheiben darauflegen und leicht andrücken.

5. Für die Tahini-Gurken-Sandwiches Frischkäse mit Kreuzkümmel und Tahini-Paste verrühren, mit Salz abschmecken. Tomaten abspülen, abtrocknen, halbieren und die Stängelansätze herausschneiden. Tomaten klein schneiden.

6. Gurke abspülen, abtrocknen, die Enden abschneiden. Gurke längs halbieren und die Kerne mit einem Löffel herausschaben. Gurke fein würfeln.

7. Kräuter abspülen, trocken tupfen und die Blättchen von den Stängeln zupfen. Die Blättchen fein schneiden, mit angerührtem Frischkäse, Gurkenwürfeln und Tomatenstücken verrühren.

8. Vier der Sandwichscheiben mit der Frischkäsemischung bestreichen, die restlichen Sandwichscheiben darauflegen. Alle Sandwichbrote einzeln sehr fest in Frischhaltefolie wickeln. Sandwiches mindestens 30 Minuten im Kühlschrank durchziehen lassen. Sandwichbrote nach Belieben halbieren und servieren.

Zubereitungszeit: 20 Minuten, ohne Durchziehzeit

Pro Stück:

E: 20 g, F: 14 g, Kh: 40 g, kJ: 1541, kcal: 366, BE: 3,5 (Super-frisch-saftig-Sandwich);
E: 13 g, F: 16 g, Kh: 36 g, kJ: 1441, kcal: 345, BE: 3,0 (Tahini-Gurken-Sandwich)

40 Minuten

Für 4 Portionen:

je 2	rote und gelbe Paprikaschoten (je etwa 200 g)
9 EL	Olivenöl
2 Stängel	Rosmarin
3 EL	Rotweinessig
	Salz, gem. schwarzer Pfeffer
20	abgetropfte schwarze Oliven, mit Stein

Für den Teig:

125 g	Weizenmehl
1 gestr. TL	Dr. Oetker Backin
40 g	fein ger. Parmesan
45 g	angefrorene Butter
75 g	Crème fraîche
40 g	abgetropfte Kapern
4 Stängel	glatte Petersilie
300 g	Ziegenfrischkäse-Rolle

Würziger Genuss

Paprika mit Ziegenkäse und Parmesan-Scones

1. Paprikaschoten vierteln, entstielen, entkernen, weiße Scheidewände entfernen. Schoten abspülen, abtropfen lassen, in Stücke schneiden, mit 3 Esslöffeln Olivenöl vermischen, in einer Grillpfanne langsam von jeder Seite 10–12 Minuten braten.

2. Inzwischen Rosmarin abspülen, trocken tupfen. Nadeln abzupfen, fein hacken, mit Essig, Salz und Pfeffer verrühren. 4 Esslöffel Olivenöl unterschlagen, Oliven untermischen. Paprikastücke mit der Vinaigrette vermischen, etwa 45 Minuten marinieren.

3. Den Backofen vorheizen.
   Ober-/Unterhitze: etwa 180 °C
   Heißluft: etwa 160 °C

4. Für den Teig Mehl mit Backpulver, 30 g Parmesan und Salz mischen. Butter in Flöckchen mit den Händen unter die Mehl-Parmesan-Mischung arbeiten, bis eine grießähnliche Konsistenz entstanden ist. In die Mitte eine Vertiefung drücken. Crème fraîche hineingeben. Die Zutaten zu einem streuselartigen Teig vermischen, auf einer bemehlten Arbeitsfläche zu einer Kugel formen, mit etwas Mehl bestäuben, zu einer etwa 1 ½ cm dicken Platte ausrollen und mit einer Ausstechform (Ø etwa 5 cm) Scones ausstechen. Aus dem restlichen Teig erneut Scones ausstechen. Die Scones auf ein Backblech (mit Backpapier belegt) legen, mit restlichem Parmesan bestreuen. Das Backblech in den vorgeheizten Backofen schieben. Die Scones **22–25 Minuten goldbraun backen.**

5. Kapern trocken tupfen. Restliches Olivenöl erhitzen. Die Kapern darin von allen Seiten 3–4 Minuten knusprig braten. Petersilie abspülen, trocken tupfen. Blättchen abzupfen, grob zerschneiden. Ziegenfrischkäse in 12 Scheiben schneiden.

6. Die marinierten Paprikastücke auf Tellern anrichten. Käsescheiben darauflegen, mit Kapern und Petersilie garnieren, mit lauwarmen Parmesan-Scones servieren.

Zubereitungszeit: 40 Minuten, ohne Marinierzeit
Backzeit: 22–25 Minuten

Pro Portion:
E: 14 g, F: 63 g, Kh: 39 g, kJ: 3255, kcal: 781, BE: 3,0

40 Minuten

Für 4 Portionen:

1	rote Peperoni
500 ml	Gemüsebrühe
450 ml	Milch
2 EL	Currypulver, mild
	Salz
200 g	Polenta (Maisgrieß)
7 Stängel	Koriander
425 g	gut abgetropfter Gemüsemais (aus der Dose)
7 EL	Olivenöl

Für das Dressing:

1	Knoblauchzehe
2 EL	Dijon-Senf
4 EL	Zitronensaft
200 g	Schmand (Sauerrahm)
	Cayennepfeffer

100 g	Frisée-Salat
100 g	Radicchio
200 g	Romana-Salatherzen
40 g	Parmesan (am Stück)

Würziger Genuss

Polentaschnitten mit Blattsalat in Caesar-Schmand-Dressing

1. Die Peperoni abspülen, trocken tupfen, halbieren, entstielen, entkernen und fein hacken. 450 ml Gemüsebrühe mit Milch, Curry, Peperoni und etwas Salz in einem Topf zum Kochen bringen.

2. 150 g Polenta langsam einrieseln lassen und dabei schnell mit einem Schneebesen unterrühren. Polenta zugedeckt bei schwacher Hitze etwa 20 Minuten ausquellen lassen, dabei ab und zu umrühren.

3. Koriander abspülen und trocken tupfen. Blättchen von den Stängeln zupfen. Blättchen grob zerschneiden und mit dem Gemüsemais unter die gegarte Polenta rühren.

4. Eine eckige Auflaufform ganz (etwa 20 x 35 cm) mit 1 Esslöffel Olivenöl ausstreichen. Die Polentamasse etwa 2 cm hoch hineingeben, glatt streichen und vollständig erkalten lassen.

5. Die Polenta vorsichtig aus der Form lösen und mit einem scharfen Messer in etwa 20 Schnitten teilen.

6. Für das Dressing Knoblauch abziehen und durch eine Knoblauchpresse drücken. Knoblauch mit Senf, Zitronensaft, restlicher Gemüsebrühe, Schmand, Salz und Cayennepfeffer verrühren.

7. Die Salate putzen, abspülen und gut abtropfen lassen. Die Salatblätter in kleinere Stücke zupfen oder schneiden. Parmesan dünn hobeln.

8. Die Polentastücke dünn in dem restlichen Maisgrieß (Polenta) wenden. Je die Hälfte des restlichen Olivenöls in 2 großen Pfannen erhitzen. Die Polentaschnitten darin von allen Seiten bei starker Hitze goldbraun braten und herausnehmen.

9. Den vorbereiteten Salat mit dem Dressing mischen, mit den Polentaschnitten auf Tellern anrichten. Salat mit dem gehobelten Parmesan bestreuen.

Zubereitungszeit: 40 Minuten, ohne Kühlzeit

Pro Portion:
E: 19 g, F: 40 g, Kh: 63 g, kJ: 2892, kcal: 689, BE: 5,0

45 Minuten

Für 4 Portionen:

Für den Teig:

1	rote Peperoni
150 g	Butter (zimmerwarm)
	Salz
3 EL	Currypulver, mild
4	Eier (Größe L, zimmerwarm)
200 g	Weizenmehl
100 ml	Milch

Für den Salat:

150 g	Mango-Fruchtfleisch (vorbereitet abgewogen)
1	Bio-Limette (unbehandelt, ungewachst)
150 g	Joghurt (3,5 % Fett)
1–2 EL	Wasabi-Paste (erhältlich im Asialaden)
500 g	abgetropfte Mini-Mozzarella-Kugeln
4 Stängel	Koriander
100 g	Babysalat-Mix

Außerdem:

etwas	Speiseöl für das Waffeleisen

Für Gäste

Currywaffeln mit Mango-Mozzarella-Salat

1. Das Waffeleisen vorheizen. Den Backofen vorheizen.
   Ober-/Unterhitze: etwa 80 °C

2. Für den Teig Peperoni abspülen, trocken tupfen und den Stängelansatz entfernen. Die Peperoni fein hacken.

3. Die Butter in einer Rührschüssel mit etwas Salz, Curry und Peperoni weiß-schaumig schlagen. Die Eier einzeln mit je 2 Esslöffeln Mehl unterrühren. Das restliche Mehl und die Milch unterrühren.

4. Das Waffeleisen mit Speiseöl bestreichen. Aus dem Teig 8 Waffeln backen. Für jede Waffel 4 Esslöffel Teig in die Mitte des Waffeleisens geben und etwa 4 Minuten backen. Die fertigen Waffeln herausnehmen und im vorgeheizten Backofen warm halten.

5. In der Zwischenzeit für den Salat Mango-Fruchtfleisch in kleine Würfel schneiden. Limette heiß abwaschen, abtrocknen und die Schale fein abreiben. Die Limette halbieren, den Saft auspressen und 3 Esslöffel Saft davon abmessen.

6. Joghurt mit Wasabi-Paste und etwas Salz verrühren. Mozzarella hinzugeben. Koriander abspülen und trocken tupfen. Die Blättchen von den Stängeln zupfen. Blättchen klein schneiden und untermischen.

7. Baby-Salate putzen, abspülen, trocken tupfen oder trocken schleudern. Mozzarella-Salat mit den Salatblättern auf den Waffeln anrichten und sofort servieren.

Zubereitungszeit: 45 Minuten

Pro Portion:
E: 42 g, F: 72 g, Kh: 52 g, kJ: 4303, kcal: 1031, BE: 4,5

30 Minuten

Für 4 Portionen:

500 g	Rosenkohl
	Salzwasser
2 EL	Distelöl
2 TL	Currypulver
125 g	Rosinen
100 ml	Gemüsebrühe
150 g	frische rosé Champignons
1	Fleischtomate
4 Stängel	Koriander

Für Gäste

Rosenkohl-Champignon-Salat mit Curry und Koriander

1. Von dem Rosenkohl die äußeren Blätter entfernen und etwas vom Strunk abschneiden. Röschen am Strunk kreuzförmig einschneiden, abspülen und abtropfen lassen. Rosenkohlröschen halbieren.

2. Den Rosenkohl in kochendem Salzwasser bissfest garen.

3. Rosenkohl mit kaltem Wasser abschrecken, abtropfen lassen und in eine Schüssel geben.

4. Distelöl in einem kleinen Topf erhitzen. Curry und Rosinen darin andünsten. Gemüsebrühe hinzugießen und aufkochen lassen. Die Brühe auf dem Rosenkohl verteilen, gut vermischen und auf einer Platte anrichten.

5. Die Champignons putzen, evtl. kurz abspülen, gut trocken tupfen und in dünne Scheiben schneiden oder hobeln. Die Tomate abspülen, vierteln, entkernen und den Stängelansatz herausschneiden. Tomate in kleine Würfel schneiden.

6. Die Champignonscheiben und Tomatenwürfel auf dem Rosenkohl verteilen. Koriander abspülen und trocken tupfen. Die Blättchen von den Stängeln zupfen. Den Rosenkohl-Champignon-Salat mit Korianderblättchen garniert servieren.

Zubereitungszeit: 30 Minuten

Pro Portion:
E: 7 g, F: 6 g, Kh: 27 g, kJ: 813, kcal: 194, BE: 2,0

30 Minuten

Für 4 Portionen:

200 g	Grünkern, ganz

Für die Vinaigrette:

300 ml	Orangensaft
3 EL	süßer Senf
4 EL	Rotweinessig
	Salz
	gem. Pfeffer
8 EL	Traubenkernöl
1 Bund	Schnittlauch
100 g	Römersalat
40 g	Walnusskerne
300 g	Möhren
300 g	Knollensellerie
200 g	Äpfel

Fruchtig – vegan

Grünkern-Trifle-Salat

1. Am Vortag den Grünkern in eine Schüssel geben, mit kaltem Wasser übergießen, sodass der Grünkern ganz bedeckt ist. Grünkern über Nacht einweichen.

2. Am nächsten Tag den Grünkern abgießen und in einen Topf geben. So viel Wasser hinzugießen, dass der Grünkern ganz bedeckt ist, zum Kochen bringen und etwa 30 Minuten bei schwacher Hitze kochen lassen.

3. Den Topf von der Kochstelle nehmen. Grünkern in dem Kochwasser erkalten lassen. Anschließend in einem Sieb abtropfen lassen.

4. Für die Vinaigrette in der Zwischenzeit Orangensaft, Senf und Essig verrühren. Mit Salz und Pfeffer würzen. Traubenkernöl unterschlagen. Schnittlauch abspülen, trocken tupfen und in Röllchen schneiden. Schnittlauchröllchen unter die Vinaigrette rühren.

5. Römersalat putzen, abspülen, trocken tupfen und in etwa 1 cm breite Streifen schneiden. Walnusskerne grob hacken. Möhren und Sellerie putzen, schälen, abspülen und abtropfen lassen. Äpfel schälen, halbieren und entkernen. Möhren, Sellerie und Apfelhälften getrennt auf einer Haushaltsreibe grob raffeln.

6. Grünkern, Möhren-, Sellerie-, Apfelraffel und Walnusskerne abwechselnd in Gläser schichten, dabei jede Schicht mit etwas von der Vinaigrette beträufeln. Etwas von der Vinaigrette für die Salatstreifen zurücklassen und beiseitestellen. Den Salat mindestens 15 Minuten gut durchziehen lassen.

7. Zum Servieren den eingeschichteten Salat mit den Salatstreifen belegen und mit der restlichen beiseitegestellten Vinaigrette beträufeln.

Zubereitungszeit: 30 Minuten, ohne Einweich-, Abkühl- und Durchziehzeit

Pro Portion:
E: 10 g, F: 31 g, Kh: 51 g, kJ: 2128, kcal: 507, BE: 4,0

Tipp:
Den Grünkern-Trifle-Salat zum Mitnehmen in ein großes, verschließbares Glas füllen (Foto), mit dem Deckel verschließen und kurz vor dem Verzehr kräftig durchschütteln.

45 Minuten

Für 4 Portionen:

Für die Vinaigrette:

1	Bio-Orange (unbehandelt, ungewachst)
1	Orange
50 g	getrocknete Soft-Feigen
1–2 EL	Harissa (Gewürzpaste, ersatzweise Cayennepfeffer)
5 EL	flüssiger Honig, z. B. Akazienhonig
200 ml	Orangensaft (von den Orangen)
5 EL	Zitronensaft
	Salz
9 EL	Olivenöl
1,2 kg	Hokkaido-Kürbis
250–300 ml	Wasser

Für den Walnuss-Joghurt:

4	Frühlingszwiebeln (etwa 80 g)
60 g	Walnusskerne
6 Stängel	Dill
500 g	griechischer Sahnejoghurt (10 % Fett)
4 Stängel	glatte Petersilie
2 Stängel	Minze

Genuss für Auge und Gaumen

Scharfer Kürbissalat mit Harissa und Minze

1. Für die Vinaigrette die Bio-Orange heiß abwaschen, abtrocknen und ein Achtel der Schale mit einem Zestenreißer abziehen. Beide Orangen halbieren, den Saft auspressen und 200 ml Saft abmessen. Die Feigen in kleine Würfelchen schneiden, mit Harissa, Honig, Orangensaft, -schale, Zitronensaft und Salz verrühren. 6 Esslöffel Olivenöl unterschlagen.

2. Kürbis abspülen, abtropfen lassen, halbieren und die Kerne mit einem Löffel herausschaben. Den Kürbis mit der Schale zuerst in etwa 2 cm breite Scheiben, dann in Würfel schneiden. Restliches Olivenöl in einer weiten Pfanne erhitzen. Kürbiswürfel darin bei starker Hitze etwa 4 Minuten von allen Seiten leicht anbraten. Mit Wasser ablöschen und ganz einkochen lassen, bis die Kürbiswürfel gar, aber noch etwas bissfest sind. Die Pfanne von der Kochstelle nehmen. Die Vinaigrette untermischen. Die Pfanne mit einem Deckel verschließen. Die Kürbiswürfel mindestens 30 Minuten durchziehen lassen.

3. Für den Walnuss-Joghurt die Frühlingszwiebeln putzen, abspülen, abtropfen lassen und in feine Scheiben schneiden. Die Walnusskerne grob hacken. Dill abspülen und trocken tupfen. Die Spitzen von den Stängeln zupfen. Spitzen fein schneiden. Joghurt mit Frühlingszwiebelscheiben, Walnusskernen und Dill verrühren, mit Salz würzen.

4. Petersilie und Minze abspülen und trocken tupfen. Die Blättchen von den Stängeln zupfen. Blättchen grob zerschneiden und unter den Kürbissalat mischen. Den Kürbissalat mit dem Walnuss-Joghurt anrichten und servieren.

Zubereitungszeit: 45 Minuten, ohne Durchziehzeit

Pro Portion:
E: 11 g, F: 48 g, Kh: 51 g, kJ: 2859, kcal: 682, BE: 4,0

45 Minuten

Für 4 Portionen:

Zum Vorbereiten:

200 g	Kichererbsen

Für den Hummus:

3	Knoblauchzehen
2 EL	Zitronensaft
5 EL	mildes Olivenöl
	Salz
	Cayennepfeffer
500 g	grüner Spargel
	Salzwasser

Für das Dressing:

2 EL	Weißweinessig
2 EL	Agavendicksaft
1 EL	mittelscharfer Senf
5 EL	Olivenöl
	gem. Pfeffer

4 mittelgroße	Tomaten
200 g	junger Blattspinat
2 EL	geröstete Pinienkerne

Vegan – etwa aufwendiger

Spinatsalat mit grünem Spargel und Hummus

1. Zum Vorbereiten Kichererbsen in kaltem Wasser über Nacht einweichen.

2. Für den Hummus von den eingeweichten Kichererbsen das Wasser abgießen. Die Häute von den Kichererbsen abrubbeln und entfernen. Kichererbsen mit Wasser bedeckt in einem Topf zum Kochen bringen und zugedeckt in etwa 60 Minuten weich kochen. Die garen Kichererbsen in einem Sieb abtropfen lassen, dabei die Kochflüssigkeit auffangen.

3. Den Knoblauch abziehen und halbieren. Die Kichererbsen mit Knoblauch, Zitronensaft, Olivenöl, Salz und Cayennepfeffer in einer Küchenmaschine pürieren. So viel von der aufgefangenen Kochflüssigkeit hinzugeben, dass eine cremige Konsistenz entsteht.

4. Von dem Spargel nur das untere Drittel schälen und die Enden abschneiden. Spargel abspülen, abtropfen lassen und in etwa 3 cm lange Stücke schneiden. Spargelstücke in kochendem Salzwasser knackig (bissfest) kochen. Spargelstücke mit einer Schaumkelle herausnehmen und mit kaltem Wasser abschrecken.

5. Für das Dressing Essig mit Agavendicksaft und Senf verrühren, Olivenöl unterschlagen. Mit Salz und Pfeffer würzen.

6. Die Tomaten abspülen, trocken tupfen, halbieren und die Stängelansätze herausschneiden. Tomaten in Spalten (Sechstel) schneiden.

7. Den Blattspinat verlesen, dicke Stiele entfernen. Spinat gründlich waschen, trocken schleudern oder gut trocken tupfen und in eine Schüssel geben. Dressing vorsichtig untermischen. Die Spargelstücke unterheben. Den Spargelsalat auf 4 Tellern oder einer Platte anrichten. Die Tomatenspalten und Pinienkerne darauf verteilen. Den Salat mit dem Hummus servieren.

Zubereitungszeit: 45 Minuten, ohne Einweichzeit

Pro Portion:
E: 16 g, F: 33 g, Kh: 35 g, kJ: 2088, kcal: 498, BE: 2,5

Beilage:
Ofenfrisches Fladenbrot.

15 Minuten

Für etwa 250 g:
Für die Gorgonzolacreme ohne Alkohol:

100 g	Gorgonzola
150 g	saure Sahne
	Salz
	gem. weißer Pfeffer
2 EL	Pistazienkerne

Für die beschwipste Gorgonzolacreme:

100 g	Gorgonzola
100 g	griechischer Sahnejoghurt (etwa 10 % Fett)
25 ml	Marsala (ital. Dessertwein)
1 Spritzer	Olivenöl
1 kleines Bund	Schnittlauch

Mal mit und mal ohne Alkohol

Gorgonzolacremes

1. Für die Gorgonzolacreme ohne Alkohol den Gorgonzola in kleine Stücke schneiden, in eine Schüssel geben und mit einer Gabel zerdrücken. Käse nach und nach mit der sauren Sahne verrühren. Die Gorgonzolacreme sehr vorsichtig mit Salz und Pfeffer würzen. Pistazienkerne grob hacken und unterrühren.

2. Für die beschwipste Gorgonzolacreme den Gorgonzola in kleine Stücke schneiden, in eine Schüssel geben und mit einer Gabel gut zerdrücken. Joghurt, Marsala und Olivenöl hinzufügen. Die Zutaten zu einer cremigen Masse verrühren.

3. Schnittlauch abspülen, trocken tupfen und in feine Röllchen schneiden. Den Aufstrich mit Salz und Pfeffer abschmecken und die Schnittlauchröllchen unterrühren.

4. Die Gorgonzolacremes in verschließbare Gefäße füllen und in den Kühlschrank stellen.

Zubereitungszeit: 15 Minuten
Haltbarkeit: im Kühlschrank etwa 3 Tage

Insgesamt:
E: 29 g, F: 62 g, Kh: 9 g, kJ: 2950, kcal: 705, BE: 1,0 (ohne Alkohol);
E: 25 g, F: 46 g, Kh: 5 g, kJ: 2332, kcal: 557, BE: 0,5 (beschwipste Gorgonzolacreme)

Brotempfehlung:
Roggenmisch- oder Graubrot, Baguette, Ciabatta oder Kräcker.

Tipp:
Die mit der alkoholfreien Creme bestrichenen Brote oder Kräcker mit gehackten Pistazienkernen bestreuen und mit etwas grünem Salat garnieren, die mit der beschwipsten Creme bestrichenen z.B. mit Radieschenscheiben und grob gemahlenem Pfeffer garnieren.

20 Minuten

Für 4 Portionen:

200 g	schwarze Oliven
2	Knoblauchzehen
1–2	Chilischoten
150 g	Tomaten
1 EL	abgetropfte Kapern
75–100 ml	Olivenöl
	gem. Pfeffer
	gerebelter Thymian

Schnell – für Gäste

Olivenpaste

1. Oliven entkernen und evtl. in kleine Stücke schneiden. Knoblauch abziehen. Chilischoten abspülen, trocken tupfen, längs aufschneiden und entkernen.

2. Tomaten kreuzweise einschneiden und mit kochendem Wasser übergießen. Nach 1–2 Minuten herausnehmen und mit kaltem Wasser abschrecken. Tomaten häuten, halbieren, entkernen und die Stängelansätze herausschneiden. Tomaten in Würfel schneiden.

3. Olivenstücke, Knoblauch, Chilischoten, Tomatenwürfel, Kapern und Olivenöl in einen hohen Rührbecher geben. Die Zutaten mit einem Pürierstab nicht zu fein pürieren. Die Olivenpaste mit Pfeffer und Thymian abschmecken.

Zubereitungszeit: 20 Minuten
Haltbarkeit: im Kühlschrank 4–5 Tage

Pro Portion:
E: 1 g, F: 30 g, Kh: 3 g, kJ: 1198, kcal: 286, BE: 0,0

Tipp:
Die Olivenpaste mit gerösteten Baguettescheiben servieren.

30 Minuten

Für etwa 500 g:

150 g	Linsen, z.B. rote Linsen
300 ml	Gemüsebrühe
1	Zwiebel
150 g	Mango-Fruchtfleisch (vorbereitet gewogen)
1 EL	Currypulver
2 EL	Leinöl
	Salz
	gem. Pfeffer

Raffiniert

Linsenpaste

1. Linsen mit der Gemüsebrühe in einem Topf zum Kochen bringen. Linsen zugedeckt bei mittlerer Hitze etwa 12 Minuten kochen lassen (die Flüssigkeit soll von den Linsen vollständig aufgenommen werden). Linsen erkalten lassen, dabei gelegentlich umrühren. Die Linsen mithilfe einer Gabel zerdrücken.

2. Zwiebel abziehen und in kleine Würfel schneiden. Das Mango-Fruchtfleisch klein würfeln.

3. Linsen mit den Zwiebel- und Mangowürfeln verrühren. Curry und Leinöl unterrühren. Linsenpaste mit Salz und Pfeffer abschmecken.

4. Die Linsenpaste in ein verschließbares Gefäß füllen und in den Kühlschrank stellen.

Zubereitungszeit: 30 Minuten, ohne Abkühlzeit
Haltbarkeit: im Kühlschrank 3–4 Tage

Insgesamt:
E: 38 g, F: 23 g, Kh: 87 g, kJ: 3043, kcal: 727, BE: 7,0

Brotempfehlung:
Vollkornbrot.

Tipp:
Aufgestrichene Linsenpaste mit gehackter Petersilie bestreuen.

10 Minuten

Für etwa 450 g:

300 g	Crème fraîche
125 g	Sahne-Schmelzkäse
4 EL	Milch
2 EL	Schnittlauchröllchen
	Salz
	gem. Pfeffer

Blitzschnell gemacht

Turbo-Käse-Brotaufstrich (im Foto links)

1. Crème fraîche mit Schmelzkäse und Milch verrühren. Schnittlauchröllchen unterrühren. Den Aufstrich mit Salz und Pfeffer abschmecken. Den Aufstrich in ein verschließbares Gefäß füllen und in den Kühlschrank stellen.

Zubereitungszeit: 10 Minuten
Haltbarkeit: im Kühlschrank 3–4 Tage

Insgesamt:
E: 21 g, F: 142 g, Kh: 18 g, kJ: 5928, kcal: 1428, BE: 1,0

Brotempfehlung:
Baguette, Fladenbrot oder Grissini.

20 Minuten

Für etwa 400 g:

1 kleine	rote Zwiebel
1 EL	Olivenöl
je 50 g	schwarze und grüne Oliven
50 g	abgetropfte, getrocknete, in Öl eingelegte Tomaten
1 Stängel	Thymian
200 g	Ziegenfrischkäse
	gem. Pfeffer

Begeistert Gäste

Ziegenkäsecreme (im Foto vorne)

1. Zwiebel abziehen, klein würfeln. Olivenöl erhitzen. Die Zwiebelwürfel darin glasig dünsten, auf einem Teller erkalten lassen. Oliven entsteinen, mit den Tomaten klein hacken. Thymian abspülen, trocken tupfen. Die Blättchen abzupfen. Zwiebelwürfel, Oliven-, Tomatenstücke und Thymianblättchen mit dem Ziegenfrischkäse verrühren. Die Creme mit Pfeffer abschmecken, in ein verschließbares Gefäß füllen und in den Kühlschrank stellen.

Zubereitungszeit: 20 Minuten, ohne Abkühlzeit
Haltbarkeit: im Kühlschrank etwa 2 Tage

Insgesamt:
E: 19 g, F: 88 g, Kh: 22 g, kJ: 4033, kcal: 970, BE: 1,5

Brotempfehlung:
Pizzakräcker, Baguette oder Crostini.

Tipp:
Die bestrichenen Brotscheiben mit Olivenringen und Thymianblättchen garnieren.

30 Minuten

Für 4 Portionen:

1	Zwiebel
80 g	Butter
800 ml	Gemüsebrühe
200 g	Schlagsahne
1 Bund	Brunnenkresse (etwa 200 g)
	Salz
1 Bund	Radieschen
2 EL	Butter
	Cayennepfeffer

Einfach zuzubereiten

Brunnenkresse-Süppchen mit Radieschen

1. Die Zwiebel abziehen und in kleine Würfel schneiden. 1 Esslöffel Butter in einem Topf zerlassen. Gemüsebrühe und Sahne hinzugießen, zum Kochen bringen und etwa 10 Minuten kochen lassen.

2. Brunnenkresse abspülen und trocken tupfen. Die Blätter von den Stängeln zupfen. Restliche Butter, Kresseblätter (einige Blätter zum Garnieren beiseitelegen) und 1 gute Prise Salz in eine Küchenmaschine geben und zu einer glatten Buttermasse verarbeiten.

3. Die Radieschen putzen, abspülen, abtropfen lassen und in Scheiben schneiden oder hobeln. Butter in einer Pfanne zerlassen. Die Radieschenscheiben darin unter Rühren andünsten. Mit Salz und Cayennepfeffer würzen.

4. Die Kressebutter nach und nach mit einem Pürierstab unter die kochende Suppe mixen. Mit Salz und Cayennepfeffer abschmecken. Die Suppe mit den Radieschenscheiben in Suppenschalen oder -tellern anrichten und mit den beiseitegelegten Kresseblättern garnieren.

Zubereitungszeit: 30 Minuten

Pro Portion:
E: 4 g, F: 41 g, Kh: 5 g, kJ: 1699, kcal: 407, BE: 0,0

35 Minuten

Für 4 Portionen:

2 mittelgroße	Kohlrabi (geschält etwa 400 g)
1 großer	Apfel, z. B. Boskop oder Elstar
1 kleine	Zwiebel
2 EL	Butter
1 EL	Weizenmehl
750 ml	Gemüsebrühe
	Salz
250 g	Schlagsahne
	Zucker
	Zitronensaft
40 g	Radieschensprossen
4 EL	Crème fraîche

Raffiniert

Kohlrabi-Apfel-Süppchen mit Sauerrahm und Radieschensprossen

1. Kohlrabi putzen, schälen, abspülen, abtropfen lassen und grob würfeln. Den Apfel waschen, abtrocknen, vierteln und entkernen. Apfelviertel mit der Schale grob zerkleinern. Die Zwiebel abziehen und klein würfeln.

2. Butter in einem Topf zerlassen. Kohlrabiwürfel und Apfelstücke darin unter Rühren andünsten. Mit Mehl bestäuben und kurz mitdünsten lassen. Brühe hinzugießen, mit Salz würzen. Die Zutaten zum Kochen bringen und etwa 15 Minuten bei schwacher Hitze kochen lassen.

3. Den Topf von der Kochstelle nehmen. Die Sahne hinzugießen. Die Suppe mit einem Pürierstab fein pürieren und anschließend durch ein feines Sieb (Haarsieb) passieren. Mit Salz, Zucker und Zitronensaft abschmecken.

4. Radieschensprossen abspülen und trocken tupfen. Das Kohlrabi-Apfel-Süppchen in Suppentassen anrichten, mit Crème fraîche und den Radieschensprossen garnieren.

Zubereitungszeit: 35 Minuten
Garzeit: etwa 15 Minuten

Pro Portion:
E: 6 g, F: 36 g, Kh: 16 g, kJ: 1739, kcal: 417, BE: 1,5

Tipp:
Die Suppe zusätzlich mit abgespülten, trocken getupften Kräuterblättchen und Apfelspalten garnieren.

40 Minuten

Für 4 Portionen:

4	frische Maiskolben
1	Zwiebel
1 kleine	rote Chilischote
2 EL	Butter
750 ml	Gemüsebrühe
	Salz
1	Bio-Limette (unbehandelt, ungewachst)
200 g	Tofu (natur, aus dem Kühlregal)
2 EL	Sesamöl
2 EL	Terriyaki-Sauce
250 g	Schlagsahne
	gem. weißer Pfeffer
2 EL	Olivenöl
4 Stängel	Thai-Basilikum
8 Stängel	Koriander

Außerdem:

8 kleine	Holzspieße

Begeistert Gäste

Pikante Maiscreme-suppe mit gebratenen Tofuspießen

1. Von den Maiskolben evtl. vorhandene äußere Blätter entfernen. Maiskolben kurz unter fließendem kalten Wasser abspülen und abtropfen lassen. Mit einem Sägemesser rundherum die gelben Maiskörner herunterschneiden. Die Zwiebel abziehen und klein würfeln. Chilischote abspülen, trocken tupfen und in feine Ringe schneiden.

2. Butter in einem Topf zerlassen. Zwiebelwürfel, Chiliringe und Maiskörner darin unter Rühren andünsten. Gemüsebrühe hinzugießen, mit Salz würzen. Die Zutaten zum Kochen bringen und etwa 10 Minuten bei mittlerer Hitze kochen lassen.

3. In der Zwischenzeit die Limette heiß abwaschen, abtrocknen und die Schale abreiben. Limette halbieren und den Saft auspressen. Den Tofu in gleich große Würfel schneiden und in eine Schale legen. Aus Sesamöl, Terriyaki-Sauce, Limettenschale und 2 Esslöffeln Limettensaft eine Marinade zubereiten und auf den Tofuwürfeln verteilen.

4. Die Sahne in die Maissuppe geben und nach Geschmack fein oder grob pürieren. Die Maiscremesuppe mit Salz, Pfeffer und Limettensaft abschmecken.

5. Die Tofuwürfel auf den Holzspießen verteilen. Olivenöl in einer Pfanne erhitzen. Die Tofuspieße darin von allen Seiten braten.

6. Basilikum abspülen und trocken tupfen. Die Blättchen von den Stängeln zupfen. Blättchen in Streifen schneiden. Koriander abspülen und trocken tupfen. Die Blättchen von den Stängeln zupfen.

7. Die Suppe in Suppenschalen anrichten, mit Basilikumstreifen bestreuen und mit Korianderblättchen garnieren. Die Tofuspieße dazureichen.

Zubereitungszeit: 40 Minuten

Pro Portion:
E: 13 g, F: 34 g, Kh: 20 g, kJ: 1832, kcal: 437, BE: 1,5

30 Minuten

Für 4 Portionen:

2	Schalotten
1	Knoblauchzehe
2 EL	Butter
125 g	gehobelte Mandeln
1 EL	Weizenmehl
750 ml	Gemüsebrühe
	Salz
2 große Scheiben	Mehrkorntoast
4 EL	Olivenöl
2 EL	nicht abgezogene Mandeln, grob gehackt
2 Stängel	Rosmarin
250 ml	Mandelmilch, ungesüßt (Reformhaus oder Biomarkt)
	gem. Pfeffer

Festessen

Mandelsüppchen mit Croûtons und Olivenöl

1. Schalotten und Knoblauch abziehen, grob zerkleinern. Butter in einem Topf zerlassen. Die Schalotten- und Knoblauchstückchen darin kurz andünsten. Die Mandeln hinzugeben und kurz mitdünsten lassen, mit Mehl bestäuben und kurz unterrühren. Die Gemüsebrühe hinzugießen, zum Kochen bringen, mit Salz würzen. Die Zutaten etwa 10 Minuten bei schwacher Hitze kochen lassen.

2. In der Zwischenzeit die Toastscheiben entrinden und in Würfel schneiden. 2 Esslöffel des Olivenöls in einer Pfanne erhitzen. Die Brotwürfel darin langsam von allen Seiten goldgelb braten. Wenn die Brotwürfel anfangen Farbe zu nehmen, die gehackten Mandeln und einen abgespülten, trocken getupften Rosmarinstängel mitbraten lassen. Mit Salz würzen. Die Brotwürfel-Mandel-Mischung aus der Pfanne nehmen und auf Küchenpapier abtropfen lassen. Rosmarinstängel entfernen.

3. Die Mandelmilch in die Suppe geben und kurz mitkochen lassen. Die Suppe in einer Küchenmaschine oder mit einem Pürierstab fein pürieren, mit Salz und Pfeffer abschmecken.

4. Restlichen Rosmarinstängel abspülen und trocken tupfen. Die Nadeln von dem Stängel zupfen. Die Suppe in vorgewärmten Schalen verteilen und jeweils etwas von dem restlichen Olivenöl daraufträufeln. Jeweils einige Croûtons mit den Mandeln in die Suppe geben. Mit Rosmarinnadeln bestreuen.

Zubereitungszeit: 30 Minuten

Pro Portion:
E: 15 g, F: 45 g, Kh: 16 g, kJ: 2191, kcal: 524, BE: 1,5

Tipp:
Das Mandelsüppchen mit ofenfrischem Baguette servieren.

30 Minuten

Für 4 Portionen:
Für das Gewürzöl:

6 EL	Olivenöl
1 TL	gem. Schwarzkümmel
1 TL	gem. Kurkuma (Gelbwurz)
2 TL	Paprikapulver rosenscharf
250 g	Kichererbsen (aus der Dose)
100 g	Zwiebeln
2 geh. TL	gem. Kreuzkümmel (Cumin)
400 ml	Gemüsebrühe
100 g	Schlagsahne
10	Minzeblättchen
	Salz
3 EL	Zitronensaft
	Cayennepfeffer
8 dünne Scheiben	Fladenbrot (je etwa 30 g)

Wunderbar aromatisch

Kichererbsensuppe mit Aromaöl-Tropfen und Minze

1. Für das Gewürzöl 2 Esslöffel Olivenöl mit Schwarzkümmel, Kurkuma und Paprika verrühren.

2. Kichererbsen in ein Sieb geben, mit kaltem Wasser abspülen und gut abtropfen lassen. Zwiebeln abziehen und klein würfeln. Restliches Olivenöl in einem Topf erhitzen. Zwiebelwürfel darin kräftig andünsten. Kreuzkümmel hinzugeben und mitdünsten lassen. Kichererbsen hinzugeben. Brühe und Sahne hinzugießen. Die Zutaten zum Kochen bringen und etwa 5 Minuten kochen lassen.

3. Minzeblättchen abspülen und trocken tupfen. Die Suppe mit Salz, Zitronensaft und Cayennepfeffer pikant würzen. Zwei Drittel der Minzeblättchen hinzugeben. Die Suppe mit einem Pürierstab sehr fein und cremig pürieren.

4. Den Backofengrill vorheizen.

5. Die Fladenbrotscheiben unter dem vorgeheizten Backofengrill kurz goldbraun rösten. Die restlichen Minzeblättchen in Streifen schneiden. Die Suppe in Tellern verteilen und mit dem Gewürzöl beträufeln. Mit den Minzestreifen garnieren und den Fladenbrotstreifen servieren.

Zubereitungszeit: 30 Minuten

Pro Portion:
E: 11 g, F: 26 g, Kh: 44 g, kJ: 1933, kcal: 462, BE: 3,5

45 Minuten

Für 4 Portionen:

1 kleiner	Hokkaido-Kürbis (etwa 800 g)
1	Zwiebel
1	Knoblauchzehe
30 g	frischer Ingwer
1	rote Chilischote
3 Stängel	Zitronengras
3 EL	Butter
2 TL	Currypulver
1,2 l	Gemüsebrühe
200 g	Schlagsahne
	Salz
30 g	geröstete Kürbiskerne
2 EL	Kürbiskernöl

Exotisch

Kürbissuppe mit Curry und Zitronengras

1. Den Kürbis abspülen, trocken tupfen, halbieren und die Kerne mit einem Löffel herausschaben. Kürbishälften in Stücke schneiden.

2. Zwiebel und Knoblauch abziehen, grob zerkleinern. Ingwer schälen und reiben. Chilischote abspülen, abtropfen lassen und entstielen. Chilischote in feine Ringe schneiden. Zitronengras putzen, etwas flach klopfen, abspülen und abtropfen lassen.

3. Butter in einem Topf zerlassen. Zwiebel-, Knoblauchwürfel, Ingwer, Chiliringe und Zitronengras darin evtl. portionsweise andünsten. Die Kürbisstücke hinzugeben und mit Curry bestäuben. Die Gemüsebrühe hinzugießen, zum Kochen bringen und zugedeckt etwa 20 Minuten kochen lassen, bis die Kürbisstücke weich sind. Das Zitronengras herausnehmen.

4. Die Suppe mit einem Pürierstab fein pürieren und evtl. durch ein Sieb passieren. Die Sahne unterrühren. Die Suppe nochmals aufkochen lassen und mit den Gewürzen abschmecken.

5. Die Kürbissuppe in Suppenschalen anrichten. Mit den gerösteten Kürbiskernen bestreuen und mit etwas Kürbiskernöl beträufeln. Suppe sofort servieren.

Zubereitungszeit: 45 Minuten
Garzeit: etwa 20 Minuten

Pro Portion:
E: 8 g, F: 38 g, Kh: 12 g, kJ: 1753, kcal: 419, BE: 1,0

50 Minuten

Für 4 Portionen:

50 g	frischer Ingwer
60 g	Zucker
60 g	Butter
300 ml	Apfelsaft, naturtrüb
10	Wacholderbeeren
5	Pimentkörner
200 ml	Weißwein
400 ml	Gemüsefond
2	Quitten (je etwa 250 g)
125 g	Schalotten
350 g	Schlagsahne
	Salz
	gem., schwarzer Pfeffer
50 g	frischer Meerrettich

Mit Alkohol – etwas aufwendiger

Meerrettichsuppe mit Quitten

1. Den Ingwer schälen und sehr klein würfeln. Zucker in einem kleinen Topf bei mittlerer Hitze goldbraun schmelzen lassen. 20 g Butter hinzugeben, kurz aufschäumen lassen, die Ingwerwürfel unterrühren. 100 ml Apfelsaft hinzugießen, zum Kochen bringen, etwa 5 Minuten sirupartig einkochen lassen. Den Topf von der Kochstelle nehmen.

2. Die Wacholderbeeren und Pimentkörner im Mörser grob zerstoßen, mit Weißwein, restlichem Apfelsaft und Gemüsefond in einem Topf zum Kochen bringen. Die Quitten schälen, längs vierteln, entkernen und die Blütenansätze entfernen. Quitten in etwa 2 cm dicke Spalten schneiden, in den Fond geben und 3–4 Minuten bei schwacher Hitze weich kochen. Quittenspalten mit einem Schaumlöffel aus dem Fond nehmen, mit 20 g der restlichen Butter und 3 Esslöffeln des Fonds in eine Pfanne geben, beiseitestellen.

3. Die Schalotten abziehen und fein würfeln. Restliche Butter in einem Topf zerlassen. Schalottenwürfel darin andünsten. Restlichen Quittenfond und 250 g Sahne hinzugießen. Mit Salz und etwas Pfeffer würzen. Die Zutaten zum Kochen bringen und etwa 10 Minuten kochen lassen.

4. In der Zwischenzeit Meerrettich schälen und fein reiben. Restliche Sahne halb steif schlagen und in den Kühlschrank stellen. Die Quittenspalten in der beiseitegestellten Pfanne bei schwacher bis mittlerer Hitze erhitzen.

5. Von dem geriebenen Meerrettich 2 Esslöffel abnehmen und beiseitestellen. Restlichen Meerrettich in die Suppe geben, kurz mit aufkochen lassen. Die geschlagene Sahne hinzugeben. Die Suppe mit einem Pürierstab schaumig mixen. Den Topf von der Kochstelle nehmen.

6. Die Quittenspalten aus der Pfanne nehmen, in vorgewärmten Tellern verteilen und mit der Suppe auffüllen. Mit dem Ingwer-Sirup beträufeln und dem beiseitegestellten Meerrettich bestreuen.

Zubereitungszeit: 50 Minuten

Pro Portion:
E: 4 g, F: 41 g, Kh: 40 g, kJ: 2455, kcal: 587, BE: 3,5

20 Minuten

Für 4 Portionen:

4	Frühlingszwiebeln
2	Möhren
1	rote Paprikaschote
50 g	Zuckerschoten
80 g	Shiitakepilze
100 g	Tofu
1 EL	Pflanzenöl
800 ml	kochendes Wasser
6 EL	Misopaste (fermentierte Sojabohnenpaste)
2 EL	getrocknete Wakame-Algen

Schnell gemacht

Vegane Misosuppe mit Tofu und Algen

1. Die Frühlingszwiebeln putzen, abspülen, abtropfen lassen und schräg in dünne Scheiben schneiden. Die Möhren putzen, schälen, abspülen, abtropfen lassen und in dünne Scheiben schneiden. Paprikaschote halbieren, entstielen, entkernen und die weißen Scheidewände entfernen. Schote abspülen, abtropfen lassen und in Streifen schneiden. Von den Zuckerschoten die Enden abschneiden, evtl. abfädeln. Schoten abspülen, abtropfen lassen und halbieren.

2. Shiitakepilze putzen, evtl. kurz abspülen und abtropfen lassen. Tofu in etwa 1 cm große Würfel schneiden.

3. Pflanzenöl in einem Topf erhitzen. Die Frühlingszwiebel-, Möhrenscheiben, Paprikastreifen und Zuckerschoten darin portionsweise andünsten. 800 ml kochendes Wasser hinzugießen und zum Kochen bringen. Den Topf von der Kochstelle nehmen.

4. Die Misopaste mit etwas von der Suppe glatt rühren und anschließend unter die Suppe rühren (nicht mehr kochen lassen). Algen, Tofuwürfel und Pilze in die Suppe geben und miterhitzen.

Zubereitungszeit: 20 Minuten

Pro Portion:

E: 9 g, F: 6 g, Kh: 21 g, kJ: 722, kcal: 173, BE: 1,5

25 Minuten

Für 4 Portionen:

1	Zwiebel
2	Knoblauchzehen
2 EL	Butter
750 ml	Gemüsebrühe
250 g	Schlagsahne
4 EL	Sonnenblumenkerne
200 g	Blattspinat
	Salz
	gem. Pfeffer
	Cayennepfeffer
2 EL	kalte Butter, in Würfel geschnitten
40 g	Rote-Bete-Sprossen

Schnell zuzubereiten

Spinatsuppe mit gerösteten Sonnenblumenkernen und Rote-Bete-Sprossen

1. Zwiebel und Knoblauch abziehen, in kleine Würfel schneiden. Butter in einem Topf zerlassen. Die Zwiebel- und Knoblauchwürfel darin andünsten. Gemüsebrühe und Sahne hinzugießen, zum Kochen bringen und etwa 5 Minuten kochen lassen.

2. In der Zwischenzeit Sonnenblumenkerne in einer Pfanne ohne Fett unter Rühren goldbraun rösten und auf einen Teller geben.

3. Den Blattspinat verlesen, dicke Stiele entfernen. Spinat gründlich waschen, tropfnass in die kochende Suppe geben und mit einem Pürierstab zu einer glatten Suppe mixen. Mit Salz, Pfeffer und Cayennepfeffer abschmecken. Zuletzt die kalten Butterwürfel unter die kochende Suppe mixen.

4. Die Suppe nach Belieben in hohen Gläsern anrichten. Mit den Sonnenblumenkernen bestreuen und mit abgespülten, trocken getupften Rote-Bete-Sprossen garnieren und servieren.

Zubereitungszeit: 25 Minuten

Pro Portion:
E: 8 g, F: 41 g, Kh: 9 g, kJ: 1839, kcal: 440, BE: 0,5

Beilage:
Grissini (Knabbergebäck).

30 Minuten

Für 4 Portionen:
Zum Vorbereiten:

250 g	getrocknete Puy-Linsen (französische Berglinsen)
1 Bund	Suppengrün (Sellerie, Möhren, Porree)
1	Zwiebel
2	Knoblauchzehen
1	Chilischote
2 große	festkochende Kartoffeln
2 EL	Butter
1 EL	Zucker
3 EL	Balsamico-Essig
1 ½ l	Gemüsebrühe
	Salz
1 Stängel	Rosmarin
2 Stängel	Thymian
	gem. schwarzer Pfeffer
8	geräucherte Tofu-Saitlinge (Tofuwürstchen)
1 Bund	glatte Petersilie

evt. einige Stängel Thymian

Macht richtig satt

Pikanter Linsentopf mit Tofusaitling

1. Zum Vorbereiten Linsen in kaltem Wasser über Nacht einweichen.

2. Suppengrün putzen, abspülen, abtropfen lassen und in kleine Würfel schneiden. Zwiebel und Knoblauch abziehen, ebenfalls klein würfeln. Chilischote abspülen, trocken tupfen, entstielen und in feine Ringe schneiden. Die Kartoffeln schälen, abspülen, abtropfen lassen und in Würfel schneiden.

3. Butter in einem großen Topf zerlassen, Zucker darin karamellisieren. Die vorbereiteten Gemüsewürfel mit den Zwiebel-, Knoblauchwürfeln, Chiliringen und Kartoffelwürfeln portionsweise hinzugeben und andünsten. Mit Balsamico-Essig ablöschen, Gemüsebrühe sofort hinzugießen. Die eingeweichten Linsen abtropfen lassen und hinzugeben. Mit Salz würzen. Rosmarin und Thymian abspülen, trocken tupfen und ebenfalls hinzugeben.

4. Die Zutaten zum Kochen bringen. Den Eintopf zugedeckt etwa 25 Minuten bei schwacher Hitze kochen lassen.

5. Die Kräuterstängel aus dem Eintopf nehmen. Den Eintopf mit Salz, Pfeffer und evtl. mit etwas Balsamico-Essig abschmecken. Die Tofu Saitlinge in den Eintopf geben und miterhitzen.

6. In der Zwischenzeit Petersilie abspülen und trocken tupfen. Die Blättchen von den Stängeln zupfen. Blättchen klein schneiden.

7. Den Eintopf in Suppenschalen anrichten und mit Petersilie bestreut servieren. Nach Belieben mit abgespülten, trocken getupften Thymianstängeln garnieren.

Zubereitungszeit: 30 Minuten, ohne Einweichzeit
Garzeit: etwa 25 Minuten

Pro Portion:
E: 39 g, F: 19 g, Kh: 61 g, kJ: 2426, kcal: 576, BE: 5,0

Beilage:
Frisches Roggenbrot.

45 Minuten

Für 4 Portionen:

250 g	getrocknete kleine, weiße Bohnen
150 g	Perlgraupen
	Salz
1	Zwiebel
5 Stängel	Liebstöckel
3 l	Gemüsebrühe
1	Lorbeerblatt
50 g	Staudensellerie
100 g	Porree (Lauch)
250 g	Möhren
200 g	Wirsing
100 g	Backobst
	gem. schwarzer Pfeffer
4 EL	frisch geschabter Meerrettich

Preiswert – vegan

Wintersuppe mit Graupen und weißen Bohnen

1. Am Vortag die Bohnen in einer Schüssel mit kaltem Wasser übergießen, sodass sie ganz bedeckt sind. Die Bohnen über Nacht einweichen.

2. Am nächsten Tag die Graupen in ein Sieb geben und so lange mit kaltem Wasser abspülen, bis das Wasser fast klar abläuft. Wasser in einem Topf zum Kochen bringen, etwas Salz hinzugeben. Die Graupen darin etwa 40 Minuten kochen lassen. Anschließend in ein Sieb abgießen, mit kaltem Wasser abspülen und abtropfen lassen.

3. Die eingeweichten Bohnen abtropfen lassen. Zwiebel abziehen. Liebstöckel abspülen, trocken tupfen. Brühe mit Bohnen, Lorbeerblatt, 2 Stängeln Liebstöckel und der ganzen Zwiebel in einem großen Topf zum Kochen bringen, ohne Deckel etwa 45 Minuten kochen lassen, bis die Bohnen weich sind. Suppe zwischendurch abschäumen.

4. In der Zwischenzeit Staudensellerie putzen, harte Außenfäden abziehen. Sellerie abspülen, abtropfen lassen, in dünne Scheiben schneiden. Porree putzen, Stange längs halbieren, gründlich waschen, abtropfen lassen, in dünne Scheiben schneiden. Die Möhren putzen, schälen, abspülen, abtropfen lassen, klein würfeln.

5. Wirsing putzen, halbieren, Strunk herausschneiden. Von den Wirsingblättern die dicken Rippen entfernen. Wirsingblätter abspülen, abtropfen lassen, in mundgerechte Stücke schneiden. Backobst fein würfeln.

6. Zwiebel, Lorbeerblatt und Liebstöckel aus der Brühe nehmen. Sellerie-, Porreescheiben, Möhrenwürfel und Wirsing zu der Brühe mit den Bohnen geben, mit Salz und Pfeffer würzen. Die Suppe wieder zum Kochen bringen, weitere etwa 15 Minuten ohne Deckel kochen lassen.

7. Von den restlichen Liebstöckelstängeln die Blätter abzupfen. Blätter grob zerschneiden. Die Graupen in die Suppe geben und miterhitzen. Zuletzt Backobstwürfel unterheben. Die Suppe in Tellern anrichten und mit Meerrettich bestreut servieren.

Zubereitungszeit: 45 Minuten, ohne Einweichzeit
Garzeit: Suppe etwa 60 Minuten

Pro Portion:
E: 23 g, F: 3 g, Kh: 68 g, kJ: 1656, kcal: 392, BE: 5,5

35 Minuten

Für 4 Portionen:

150 g	Sojaschnetzel, fein
950 ml	Gemüsebrühe
100 g	Zwiebeln
2	Knoblauchzehen
½–1	rote Chilischote
je 300 g	rote und grüne Paprikaschoten
4 EL	Olivenöl
1 TL	gem. Kreuzkümmel (Cumin)
1 TL	Paprikapulver edelsüß
500 g	passierte Tomaten (aus der Dose)
285 g	abgetropfter Gemüsemais (aus der Dose)
250 g	abgetropfte Kidneybohnen (aus der Dose)
	Salz
5 Stängel	glatte Petersilie
3 Stängel	Koriander
150 g	saure Sahne

Mexikanisch inspiriert

Chili con Sojaschnetzel

1. Sojaschnetzel in einer großen Schüssel mit 450 ml kochender Gemüsebrühe übergießen. Sojaschnetzel etwa 30 Minuten quellen lassen.

2. Zwiebeln und Knoblauch abziehen. Die Zwiebeln in kleine Würfel und den Knoblauch in dünne Scheiben schneiden. Chilischote entstielen, abspülen, trocken tupfen und mit den Kernen in dünne Ringe schneiden. Paprikaschoten halbieren, entstielen, entkernen und die weißen Scheidewände entfernen. Schoten abspülen, abtropfen lassen und in etwa 2 cm große Stücke schneiden.

3. Olivenöl in einem weiten Topf erhitzen. Zwiebelwürfel und Knoblauchscheiben darin kräftig andünsten. Kreuzkümmel und Paprika unterrühren, ganz kurz mitrösten lassen. Chilischotenringe unterrühren. Die restliche Gemüsebrühe mit den passierten Tomaten hinzugeben. Sojaschnetzel und die Paprikastücke unterheben. Chili zum Kochen bringen und etwa 15 Minuten bei schwacher Hitze kochen lassen.

4. Mais und Kidneybohnen in ein Sieb geben, mit kaltem Wasser abspülen und gut abtropfen lassen.

5. Mais und Kidneybohnen nach etwa 10 Minuten Garzeit zum Chili in den Topf geben und mitkochen lassen. Chili mit Salz abschmecken.

6. Petersilie und Koriander abspülen und trocken tupfen. Petersilie und Koriander getrennt klein schneiden. Petersilie unter das Chili mischen. Das Chili auf Tellern anrichten und je einen Klecks saure Sahne hineingeben. Mit Koriander bestreuen.

Zubereitungszeit: 35 Minuten, ohne Quellzeit
Garzeit: etwa 15 Minuten

Pro Portion:
E: 32 g, F: 19 g, Kh: 38 g, kJ: 1958, kcal: 467, BE: 3,0

Tipp:
Servieren Sie zu dem Chili Taco-Chips oder warme Tortillafladen.

45 Minuten

Für 4 Portionen:

2	Zwiebeln
400 g	Möhren
200 g	Staudensellerie
2 EL	Pflanzenöl
600 g	frisch gepalte Erbsen oder TK-Erbsen
	Salz
	gem. Pfeffer
1,2 l	Gemüsebrühe
4 Stängel	Liebstöckel
4	geräucherte Tofuwürstchen

Macht richtig satt

Erbseneintopf mit geräucherten Tofuwürstchen

1. Zwiebeln abziehen und in kleine Würfel schneiden. Möhren putzen, schälen, abspülen, abtropfen lassen und in Scheiben schneiden. Staudensellerie putzen und die harten Außenfäden abziehen. Sellerie abspülen, abtropfen lassen und in Würfel schneiden.

2. Pflanzenöl in einem Topf erhitzen. Möhrenscheiben, Selleriewürfel und die Erbsen hinzugeben. Mit Salz und Pfeffer würzen. Gemüsebrühe hinzugießen und zum Kochen bringen. Den Eintopf zugedeckt etwa 15 Minuten kochen lassen.

3. Liebstöckel abspülen und trocken tupfen. Die Blättchen von den Stängeln zupfen. Blättchen klein schneiden.

4. Die Tofuwürstchen in den Eintopf geben und miterhitzen. Liebstöckel unterrühren. Den Erbseneintopf anrichten und servieren.

Zubereitungszeit: 45 Minuten
Garzeit: etwa 15 Minuten

Pro Portion:
E: 22 g, F: 11 g, Kh: 27 g, kJ: 1257, kcal: 301, BE: 2,0

60 Minuten

Für 4 Portionen:

2 kleine	rote Zwiebeln
2	Knoblauchzehen
300 g	grüne Bohnen (Brechbohnen)
300 g	Schneidebohnen (breite Bandbohnen)
300 g	festkochende Kartoffeln
2 EL	Olivenöl
1 ½ l	Gemüsebrühe
	Salz
	gem. Pfeffer
4 Stängel	Bohnenkraut
16	Cocktailtomaten
1 Bund	Salbei
3 EL	Olivenöl
230 g	abgetropfte weiße Bohnen (aus der Dose)

Hausmannskost

Eintopf von grünen und weißen Bohnen mit gebratenen Salbeiblättern

1. Die Zwiebeln abziehen und in Würfel schneiden. Knoblauch abziehen und ebenfalls klein würfeln.

2. Von den Bohnen die Enden abschneiden. Die Bohnen evtl. abfädeln, abspülen, abtropfen lassen und schräg in Stücke schneiden. Kartoffeln schälen, abspülen, abtropfen lassen und in Würfel schneiden.

3. Olivenöl in einem großen Topf erhitzen. Zwiebel- und Knoblauchwürfel darin andünsten. Die Bohnenstücke und Kartoffelwürfel hinzugeben, kurz mit andünsten. Gemüsebrühe hinzugießen. Mit Salz und Pfeffer würzen. Die Zutaten zum Kochen bringen. Bohnenkraut abspülen, trocken tupfen und in den Topf geben. Den Eintopf zugedeckt etwa 20 Minuten bei schwacher Hitze kochen lassen.

4. Cocktailtomaten abspülen, trocken tupfen und evtl. die Stängelansätze herausschneiden. Salbei abspülen und trocken tupfen. Die Blätter von den Stängeln zupfen.

5. Olivenöl in einer Pfanne erhitzen. Die Salbeiblätter darin von beiden Seiten knusprig braun braten.

6. Nach etwa 20 Minuten Garzeit die weißen Bohnen und Cocktailtomaten in den Eintopf geben, wieder zum Kochen bringen und weitere etwa 5 Minuten kochen lassen. Den Eintopf mit Salz und Pfeffer abschmecken. Bohnenkrautstängel herausnehmen. Den Eintopf in tiefen Tellern anrichten und mit den Salbeiblättern garnieren.

Zubereitungszeit: 60 Minuten
Garzeit: etwa 25 Minuten

Pro Portion:
E: 11 g, F: 7 g, Kh: 31 g, kJ: 966, kcal: 230, BE: 2,0

Beilage:
Mit Butter bestrichenes und mit Schnittlauchröllchen bestreutes Bauernbrot.

40 Minuten

Für 4 Portionen:

400 g	festkochende Kartoffeln, z. B. Linda
500 g	Knollensellerie
200 g	Möhren
1	Zwiebel
2 EL	Butter
1 ½ l	Gemüsebrühe
240 g	abgetropfte Kichererbsen (aus der Dose)
1 Bund	glatte Petersilie
200 ml	mildes Olivenöl
	Salz
	grob gem. schwarzer Pfeffer

Würziger Genuss

Sellerie-Kartoffel-Eintopf mit Kichererbsen und Petersilienöl

1. Die Kartoffeln schälen, abspülen, abtropfen lassen und in Würfel schneiden. Knollensellerie putzen, schälen, abspülen, abtropfen lassen, halbieren und ebenfalls in Würfel schneiden. Möhren putzen, schälen, abspülen, abtropfen lassen und würfeln. Die Zwiebel abziehen und in kleine Würfel schneiden.

2. Die Butter in einem Topf zerlassen, Zwiebelwürfel darin andünsten. Kartoffel-, Sellerie- und Möhrenwürfel darin unter Rühren andünsten. Gemüsebrühe hinzugießen und zum Kochen bringen. Den Eintopf zugedeckt etwa 20 Minuten bei mittlerer Hitze kochen lassen.

3. Die Kichererbsen nach etwa 15 Minuten Garzeit zum Eintopf in den Topf geben und mitgaren lassen.

4. In der Zwischenzeit Petersilie abspülen und trocken tupfen. Die Blättchen von den Stängeln zupfen. Blättchen grob zerschneiden und in einen hohen Rührbecher geben. Olivenöl mit gut 1 Prise Salz hinzufügen und mit dem Pürierstab zu einem glatten, grünen Öl mixen.

5. Den Eintopf mit Salz und grob gemahlenem Pfeffer abschmecken, in Tellern oder Bowls verteilen. Mit je 1–2 Esslöffeln (je etwa 15 g) des Petersilienöls garnieren und sofort servieren.

Zubereitungszeit: 40 Minuten

Pro Portion:
E: 10 g, F: 26 g, Kh: 30 g, kJ: 1640, kcal: 392, BE: 2,5

Beilage:
Geröstetes Bauernbrot.

Tipps:
Das restliche Petersilienöl zugedeckt im Kühlschrank aufbewahren und nach Belieben für Pasta oder Salate verwenden.

25 Minuten

Für 2 Portionen:
Zum Vorbereiten:

100 g	grüne Linsen
500 g	gegarte Rote Bete (vakuumverpackt)
1 kleine	Möhre (etwa 60 g)
60 g	Staudensellerie
1	rote Zwiebel
1	Knoblauchzehe
1	rote Chilischote
1 EL	Olivenöl
	Salz
	gem. Pfeffer
2 EL	Crème fraîche
2 EL	Schnittlauchröllchen
2 EL	Butter für die Form
60 g	Schafskäse
100 ml	Gemüsebrühe

Schön und leicht mit Pep

Gefüllte Rote Bete mit grünen Linsen und Schafskäse

1. Zum Vorbereiten Linsen nach Packungsanleitung zubereiten. Linsen in einem Sieb abtropfen und abkühlen lassen.

2. Von den Rote-Bete-Kugeln die Kappen abschneiden und die Böden evtl. gerade schneiden. Die Rote-Bete-Kugeln so mit einem Ausstecher aushöhlen, dass ein Rand stehen bleibt. Das ausgehöhlte Fruchtfleisch grob hacken.

3. Möhre putzen, abspülen, abtropfen lassen und sehr klein würfeln. Staudensellerie putzen und die harten Außenfäden abziehen. Sellerie klein würfeln. Zwiebel und Knoblauch abziehen, ebenfalls in kleine Würfel schneiden. Chilischote abspülen, abtropfen lassen und entstielen. Chili in feine Ringe schneiden.

4. Den Backofen vorheizen.
   Ober-/Unterhitze: etwa 200 °C
   Heißluft: etwa 180 °C

5. Olivenöl in einem Topf erhitzen. Möhren-, Sellerie-, Zwiebel-, Knoblauchwürfel und Chiliringe darin andünsten. Die vorbereiteten Linsen hinzugeben. Mit Salz und Pfeffer würzen. Crème fraîche, Rote-Bete-Fruchtfleisch und die Schnittlauchröllchen unterrühren.

6. Die Linsenmasse in den ausgehöhlten Rote-Bete-Kugeln verteilen und in eine ofenfeste Form (mit Butter gefettet) setzen. Schafskäse zerbröseln und daraufstreuen. Die Gemüsebrühe hinzugießen. Die Form auf dem Rost in den vorgeheizten Backofen schieben. Die gefüllte Rote-Bete **etwa 25 Minuten garen.**

Zubereitungszeit: 25 Minuten
Garzeit: etwa 25 Minuten

Pro Portion:
E: 22 g, F: 38 g, Kh: 51 g, kJ: 2679, kcal: 640, BE: 4,0

30 Minuten

Voller Aroma

Okras in Curry-Tomaten-Sauce

Für 4 Portionen:

75 g	Schalotten
75 g	Frühlingszwiebeln
650 g	Strauchtomaten
½–1	rote Chilischote
2	getrocknete Curryblätter
je 2 Stängel	Koriander, Thai-Basilikum und Minze
1	Bio-Limette (unbehandelt, ungewachst)
75 g	Margarine
1 TL	gem. Ingwer
1 EL	Currypulver, mild
¼ TL	gem. Gewürznelken
1 kg	frische Okraschoten
etwa 1 l	Speiseöl zum Frittieren
	Salz

1. Schalotten abziehen und in kleine Würfel schneiden. Frühlingszwiebeln putzen, abspülen, abtropfen lassen und in 1 cm breite Scheiben schneiden. Tomaten abspülen, abtrocknen, halbieren und die Stängelansätze herausschneiden. Tomatenhälften in kleine Stücke schneiden. Chilischote abspülen, trocken tupfen, entstielen und mit den Kernen fein würfeln.

2. Curryblätter fein zerreiben. Koriander, Thai-Basilikum und Minze abspülen, trocken tupfen. Die Blättchen von den Stängeln zupfen. Die Limette heiß abwaschen, abtrocknen und in kleine Stücke oder Ecken schneiden.

3. Margarine in einer Pfanne zerlassen. Schalottenwürfel und die Frühlingszwiebelscheiben darin bei mittlerer Hitze unter Rühren kräftig andünsten. Chili, Curryblätter, Ingwer, Curry und Nelken untermischen. Die Gewürze kurz mit anrösten. Tomatenstücke unterrühren und zum Kochen bringen. Die Sauce etwa 5 Minuten bei mittlerer Hitze stark kochen lassen.

4. Okraschoten putzen und die Stielansätze mit den Spitzen (Kappen) abschneiden. Okraschoten abspülen und trocken tupfen.

5. Speiseöl in einem hohen Topf oder in einer Fritteuse auf etwa 180 °C erhitzen. Die Okraschoten darin in 2–3 Portionen 3–4 Minuten frittieren, dabei jeweils einmal wenden. Die Okraschoten mit einer Schaumkelle herausnehmen und auf Küchenpapier abtropfen lassen.

6. Okraschoten in der heißen Curry-Tomaten-Sauce schwenken, mit Salz würzen und auf Tellern anrichten. Mit den Kräuterblättchen bestreuen und den Limettenstücken oder -ecken servieren. Nach Belieben den Saft der Limettenstücke oder -ecken auf die Okraschoten träufeln.

Zubereitungszeit: 30 Minuten

Pro Portion:
E: 7 g, F: 20 g, Kh: 13 g, kJ: 1107, kcal: 265, BE: 0,5

Beilage:
Basmatireis.

60 Minuten

Für 4 Portionen:

6	milde, weiße Zwiebeln (je etwa 150 g)
	Salzwasser
50 g	Bulgur
2 große	Tomaten
½ Bund	Petersilie
2 EL	Rosinen
2 EL	gehobelte Haselnusskerne
	Salz
	gem. Pfeffer
etwas	Zitronesaft
2 EL	Butter für die Form
200 ml	Gemüsebrühe
200 g	Portulak
200 g	Cocktailtomaten
1 EL	Himbeeressig
	flüssiger Honig
1 EL	Walnussöl
2 EL	Sonnenblumenöl

Raffiniert

Gefüllte Zwiebeln mit Bulgur, Haselnüssen und Portulak

1. Die Zwiebeln abziehen und in kochendem Salzwasser etwa 15 Minuten vorgaren. Zwiebeln vorsichtig mit einer Schaumkelle herausnehmen, in ein Sieb geben, mit kaltem Wasser abschrecken und abtropfen lassen. Zwiebeln waagerecht halbieren. Zwiebelhälften mit einem Ausstecher aushöhlen, dabei einen Rand stehen lassen. Das ausgehöhlte Zwiebelfleisch klein schneiden.

2. Bulgur mit kochendem Wasser übergießen und etwa 10 Minuten quellen lassen. Anschließend Bulgur in einem Sieb abtropfen lassen.

3. Den Backofen vorheizen.
   Ober-/Unterhitze: etwa 180 °C
   Heißluft: etwa 160 °C

4. Die Tomaten abspülen, abtropfen lassen, vierteln, klein würfeln. Petersilie abspülen, trocken tupfen. Die Blättchen von den Stängeln zupfen, Blättchen in Streifen schneiden. Bulgur mit dem klein geschnittenen Zwiebelfleisch, Tomatenwürfeln, Petersilienstreifen, Rosinen und Haselnusskernen vermischen. Mit Salz, Pfeffer und etwas Zitronensaft würzen. Die Bulgurmasse in den Zwiebelhälften verteilen.

5. Die gefüllten Zwiebeln in eine ofenfeste Form (mit Butter gefettet) setzen, Brühe hinzugießen. Die Form auf dem Rost in den vorgeheizten Backofen schieben. Gefüllte Zwiebeln **etwa 30 Minuten garen.**

6. In der Zwischenzeit Portulak putzen, abspülen, trocken tupfen. Die Tomaten abspülen, trocken tupfen, halbieren, evtl. die Stängelansätze herausschneiden. Himbeeressig mit Honig verrühren. Beide Öle unterschlagen. Mit Salz und Pfeffer würzen. Portulak mit den Tomatenhälften und dem Dressing vermischen. Die gefüllten Zwiebeln mit dem Salat servieren.

Zubereitungszeit: 60 Minuten, ohne Quellzeit
Garzeit: etwa 30 Minuten

Pro Portion:
E: 7 g, F: 22 g, Kh: 28 g, kJ: 1428, kcal: 341, BE: 1,5

Beilage:
Ofenfrisches Baguette.

30 Minuten

Für 4 Portionen:

	Wasser
	Salz
1	Wirsing (etwa 1 ½ kg)
100 g	Austernpilze
1	Zwiebel
4 EL	Butter
½ TL	Kümmelsamen
200 ml	Gemüsebrühe
2 EL	Schnittlauchröllchen
1 EL	klein geschnittene Petersilie
	gem. Pfeffer

Außerdem:

etwas	Butter für die Form

Raffiniert – etwas aufwendiger

Wirsingwickel mit Austernpilzen und Kümmel

1. In einem großen Topf reichlich Wasser zum Kochen bringen. Salz hinzufügen (auf 1 Liter Wasser 1 Teelöffel Salz).

2. In der Zwischenzeit von dem Wirsing die äußeren welken Blätter entfernen. Den Kohl abspülen, abtropfen lassen und den Strunk keilförmig herausschneiden. Den Wirsing so lange in das kochende Wasser legen, bis sich die äußeren Blätter lösen. Diesen Vorgang wiederholen, bis sich etwa 12 Blätter lösen lassen (nicht zu weich kochen!). Restlichen Wirsingkopf vierteln und in feine Streifen schneiden.

3. Austernpilze putzen, evtl. kurz abspülen, trocken tupfen und in kleine Stücke schneiden. Die Zwiebel abziehen und klein würfeln.

4. Die Hälfte der Butter in einem Topf zerlassen. Zwiebelwürfel, Pilzstücke und Kümmel darin andünsten. Die Kohlstreifen hinzugeben und kurz mitdünsten lassen. 100 ml der Gemüsebrühe hinzugießen und zum Kochen bringen. Das Gemüse zugedeckt etwa 10 Minuten garen. Schnittlauchröllchen und Petersilie unterrühren. Die Gemüsemasse mit Salz und Pfeffer würzen und in 12 Portionen teilen.

5. Den Backofen vorheizen.
   Ober-/Unterhitze: etwa 200 °C
   Heißluft: etwa 180 °C

6. Ein sauberes, angefeuchtetes Geschirrtuch in eine Suppentasse legen. Ein Wirsingblatt hineinlegen. Eine Gemüseportion in das Wirsingblatt legen. Das Wirsingblatt über der Füllung mithilfe des Geschirrtuches zu einem Wickel formen. Die Wirsingwickel mit der gefalteten Seite nach unten in eine Form (mit Butter gefettet) setzen. Restliche Gemüsebrühe hinzugießen. Restliche Butter in Flöckchen daraufsetzen.

7. Die Form auf dem Rost in den vorgeheizten Backofen schieben. Die Wirsingwickel **etwa 25 Minuten garen.**

Zubereitungszeit: 30 Minuten
Garzeit: etwa 25 Minuten

Pro Portion:
E: 9 g, F: 19 g, Kh: 10 g, kJ: 1026, kcal: 245, BE: 0,5

40 Minuten

Für 4 Portionen:

12 mittelgroße	festkochende Kartoffeln, z. B. Linda (etwa 1,2 kg)
460 g	abgetropftes Sauerkraut (fertig gekocht, aus der Dose)
2	Knoblauchzehen
1 EL	Sonnenblumenöl
125 g	Crème double
	Salz
	gem. Pfeffer
2 EL	flüssiger Honig
2 EL	Speisestärke
2 EL	TK-Petersilie
60 g	ger. Gouda

Für den Rote-Bete-Salat:

300 g	abgetropfte Rote-Bete-Kugeln (aus dem Glas)
2	Frühlingszwiebeln
etwas	flüssiger Honig
1 EL	Olivenöl

Begeistert Gäste

Gefüllte Kartoffeln mit Rahmkraut und Rote-Bete-Salat

1. Die Kartoffeln gründlich unter fließendem kalten Wasser abbürsten, in einem Topf knapp mit Wasser bedeckt zum Kochen bringen und zugedeckt etwa 20 Minuten kochen lassen.

2. In der Zwischenzeit von dem Sauerkraut den Saft auffangen. Knoblauch abziehen und durch eine Knoblauchpresse drücken. Sonnenblumenöl in einem Topf erhitzen. Den Knoblauch darin andünsten, Sauerkraut hinzugeben und mitdünsten lassen. Crème double unterrühren, zum Kochen bringen und etwa 10 Minuten kochen lassen. Rahmkraut mit Salz, Pfeffer und Honig würzen.

3. Den Backofen vorheizen.
   Ober-/Unterhitze: etwa 220 °C
   Heißluft: etwa 200 °C

4. Speisestärke mit etwas von dem aufgefangenen Sauerkrautsaft anrühren, unter das Rahmkraut rühren und unter Rühren kurz aufkochen lassen, sodass das Rahmkraut leicht gebunden ist. Petersilie unterrühren.

5. Die garen Kartoffeln abgießen. Von den Kartoffeln waagerecht einen Deckel abschneiden. Kartoffeln mit einem Ausstecher aushöhlen. Das Rahmkraut in den Kartoffeln verteilen und den geriebenen Gouda daraufstreuen. Die gefüllten Kartoffeln in eine Auflaufform (gefettet) setzen. Die Kartoffeln **etwa 10 Minuten überbacken.**

6. Für den Rote-Bete-Salat die Rote-Bete-Kugeln halbieren. Frühlingszwiebeln putzen, abspülen, abtropfen lassen und in feine Scheiben schneiden. Rote Bete mit den Frühlingszwiebelscheiben mischen. Mit Salz, Pfeffer, etwas Honig und Olivenöl abschmecken.

7. Die gefüllten Kartoffeln mit dem Rahmkraut und dem Rote-Bete-Salat anrichten.

Zubereitungszeit: 40 Minuten

Pro Portion:
E: 9 g, F: 25 g, Kh: 42 g, kJ: 1846, kcal: 443, BE: 3,5

70 Minuten

Für 4 Portionen:

200 g	Amaranth (hirseähnliches Produkt)
1 l	Gemüsebrühe
4 mittelgroße	Zucchini (etwa 800 g)
1	rote Zwiebel
1	Knoblauchzehe
je 1	rote und gelbe Paprikaschote
2 große	Tomaten
1 Topf	Basilikum
250 g	abgetropfter Büffelmozzarella
3 EL	Olivenöl
	Salz
	gem. Pfeffer
50 g	gehobelte Mandeln
2 EL	Butter für die Form
8 Stängel	Zitronenthymian

Aromatisch – köstlich

Gefüllte Zucchini mit Amaranth, Mandeln und Büffelmozzarella

1. Brühe mit Amaranth in einem Topf zum Kochen bringen und zugedeckt etwa 30 Minuten bei schwacher Hitze garen.

2. In der Zwischenzeit Zucchini abspülen, abtrocknen und die Enden abschneiden. Zucchini der Länge nach halbieren. Zucchinihälften mit einem Löffel so aushöhlen, dass ein Rand stehen bleibt.

3. Zwiebel und Knoblauch abziehen, klein würfeln. Paprikaschoten halbieren, entstielen, entkernen und die weißen Scheidewände entfernen. Schoten abspülen, abtropfen lassen, klein würfeln.

4. Die Tomaten abspülen, trocken tupfen, vierteln und die Stängelansätze herausschneiden. Tomatenviertel ebenfalls klein würfeln. Basilikum abspülen und trocken tupfen. Die Blättchen von den Stängeln zupfen. Blättchen grob zerschneiden. Mozzarella klein würfeln.

5. Den Backofen vorheizen.
   Ober-/Unterhitze: etwa 180 °C
   Heißluft: etwa 160 °C

6. Olivenöl in einem Topf erhitzen. Die Zwiebel- und Knoblauchwürfel darin andünsten. Paprika-, Tomatenwürfel und Basilikum hinzufügen. Den Topf von der Kochstelle nehmen. Gemüse mit Salz und Pfeffer würzen. Amaranth in ein feines Sieb geben, dabei die Brühe auffangen. Amaranth mit den Gemüsewürfeln, den Mandeln und den Mozzarellawürfeln vermischen.

7. Die Gemüse-Mozzarella-Masse in den Zucchinihälften verteilen und in eine Gratinform (mit Butter gefettet) setzen. Zucchinihälften mit der aufgefangenen Brühe umgießen. Thymian abspülen und trocken tupfen. Die gefüllten Zucchini mit je einem Stängel Zitronenthymian belegen. Die Form auf dem Rost in den vorgeheizten Backofen schieben. Die gefüllten Zucchini **etwa 20 Minuten garen.**

Zubereitungszeit: 70 Minuten
Garzeit: etwa 20 Minuten

Pro Portion:
E: 26 g, F: 40 g, Kh: 45 g, kJ: 2688, kcal: 643, BE: 3,5

35 Minuten

Für 4 Portionen:

175 g	getrocknete Sojabohnen
50 g	frischer Ingwer
3	Knoblauchzehen
½–1	rote Chilischote
4 EL	Zucker
7 EL	Sojasauce
400 ml	Gemüsebrühe
2 EL	asiatisches dunkles Sesamöl
2	rote Zwiebeln
200 g	Zuckerschoten
450 g	rote Paprikaschoten
6	Frühlingszwiebeln (etwa 100 g)
500 g	abgetropfter Tofu
50 g	Cashewkerne (geröstet und gesalzen)
1 gestr. EL	Speisestärke
4 EL	Sonnenblumenöl
6 Stängel	Thai-Basilikum

Für Gäste – dauert länger

Wokgemüse mit Sojabohnen und Tofu

1. Am Vortag die Sojabohnen in eine Schüssel geben, mit kaltem Wasser übergießen, sodass sie ganz bedeckt sind und über Nacht einweichen.

2. Am nächsten Tag die Sojabohnen abgießen, in einen Topf geben und so viel Wasser hinzugießen, dass die Bohnen ganz bedeckt sind. Sojabohnen zugedeckt etwa 2 Stunden bei schwacher Hitze kochen lassen.

3. In der Zwischenzeit Ingwer schälen. Knoblauch abziehen, beides klein würfeln. Chilischote abspülen, trocken tupfen und entstielen. Chilischote mit den Kernen fein hacken. Ingwer-, Knoblauchwürfel, Chili, Zucker, Sojasauce, Gemüsebrühe und Sesamöl in einer Schüssel vermischen und beiseitestellen. Zwiebeln abziehen, und in etwa 1 cm breite Spalten schneiden. Von den Zuckerschoten die Enden abschneiden, evtl. abfädeln. Zuckerschoten abspülen, trocken tupfen und schräg halbieren.

4. Paprikaschoten halbieren, entstielen, entkernen, weiße Scheidewände entfernen. Schoten abspülen, abtropfen lassen, in etwa 1 ½ cm breite Streifen schneiden. Frühlingszwiebeln putzen, abspülen, abtropfen lassen, der Länge nach schräg in etwa 1 cm breite Scheiben schneiden. Tofu in etwa 2 cm breite Streifen schneiden. Gegarte Sojabohnen in einem Sieb abtropfen lassen. Cashewkerne grob hacken. Speisestärke mit 3 Esslöffeln kaltem Wasser anrühren.

5. Jeweils die Hälfte des Sonnenblumenöls in einem großen Wok erhitzen. Das vorbereitete Gemüse darin in 2 Portionen mit den Sojabohnen unter Rühren bei starker Hitze kräftig andünsten, bis es leicht zusammenfällt. Dann die beiseitegestellte Soja-Sesamöl-Mischung hinzugeben und unter Rühren kochen lassen, bis nur noch etwa ein Viertel der Flüssigkeit vorhanden und das Gemüse knackig gegart ist. Die Tofustreifen vorsichtig untermischen und kurz erhitzen. Angerührte Speisestärke unterrühren und unter vorsichtigem Rühren einmal aufkochen lassen. Thai-Basilikum abspülen und trocken tupfen. Die Blättchen von den Stängeln zupfen. Blättchen grob zerschneiden. Cashewkerne mit dem Basilikum unter das Gemüse heben. Das Wokgemüse auf Tellern anrichten und sofort servieren.

Zubereitungszeit: 35 Minuten, ohne Einweichzeit
Garzeit: Sojabohnen etwa 2 Stunden

Pro Portion:

E: 45 g, F: 37 g, Kh: 44 g, kJ: 2901, kcal: 693, BE: 3,5

30 Minuten

Für 4 Portionen:

400 g	fester Tofu
2	Knoblauchzehen
200 ml	Sojasauce
600 g kleiner	Paksoi (erhältich im Asialaden)
4 Stängel	Zitronengras
1 kleines Stück	Ingwer
1 EL	Sesamöl
200 ml	Gemüsebrühe
200 ml	Sojasahne
	Salz
100 g	Semmelbrösel
2 EL	geröstete Sesamsamen
1–2 EL	Erdnussöl zum Braten
1 Topf	Thai-Basilikum
2	Bio-Limetten (unbehandelt, ungewachst)

Vegan – begeistert Gäste

Tofuschnitzel auf Paksoi mit Zitronengrassahne

1. Den Tofu in 4 gleich große Scheiben schneiden und in eine flache Schale legen. Knoblauch abziehen und durch eine Knoblauchpresse drücken. Sojasauce mit dem Knoblauch verrühren und auf den Tofuscheiben verteilen. Die Tofuscheiben etwa 60 Minuten marinieren.

2. Paksoi putzen, Stielenden abschneiden und entfernen. Paksoi gründlich abspülen, abtropfen lassen. Die Blätter von den Stielen streifen, Stiele in schmale Streifen schneiden. Blätter grob zerkleinern. Zitronengras abspülen, abtropfen lassen und mit einem Messerrücken aufschlagen. Zitronengras in große Stücke schneiden. Ingwer schälen und klein würfeln.

3. Sesamöl in einem Topf erhitzen. Die Zitronengrasstücke und Ingwerwürfel darin andünsten. Vorbereitete Paksoistiele hinzugeben und kurz mitdünsten lassen. Gemüsebrühe und Sojasahne hinzugießen. Die Zutaten zum Kochen bringen, mit Salz würzen. Paksoiblätter ebenfalls hinzugeben und alles in 3–5 Minuten bissfest garen, anschließend warm stellen.

4. Semmelbrösel und Sesamsamen in einem flachen Teller vermischen. Die Tofuscheiben aus der Marinade nehmen und tropfnass in der Semmelbrösel-Sesam-Mischung wälzen. Die Panade andrücken.

5. Erdnussöl in einer großen Pfanne erhitzen. Die Tofuschnitzel darin langsam von beiden Seiten goldbraun braten. Die Schnitzel herausnehmen und auf Küchenpapier abtropfen lassen.

6. Thai-Basilikum abspülen und trocken tupfen. Die Blättchen von den Stängeln zupfen. Limette heiß abwaschen, abtrocknen und in Spalten schneiden.

7. Die Tofuschnitzel mit dem Paksoi-Gemüse anrichten. Mit Basilikumblättchen und Limettenspalten garnieren.

Zubereitungszeit: 30 Minuten, ohne Marinierzeit

Pro Portion:
E: 22 g, F: 25 g, Kh: 22 g, kJ: 1712, kcal: 409, BE: 1,5

45 Minuten

Asiatisch inspiriert

Gebratener Reis (Fried Rice)

Für 4 Portionen:

225 g	Vollkorn-Basmatireis
	Salz
3	Knoblauchzehen
40 g	frischer Ingwer
½–1	rote Chilischote
2	rote Zwiebeln
250 g	Möhren
250 g	Paksoi (erhältlich im Asialaden)
150 g	Mungobohnensprossen
150 g	Ananas-Fruchtfleisch
2	Eier (Größe M)
1 TL	Currypulver, mild
7 EL	Speiseöl
2 EL	brauner Rohrzucker
3 EL	asiatische Pilzsauce, z. B. Mushroom-Sojasauce
3 EL	Sojasauce
	fein abgeriebene Schale von
1	Bio-Limette (unbehandelt, ungewachst)

Zum Bestreuen:

8 Stängel	Koriander

1. Reis in kochendem Salzwasser nach Packungsanleitung garen. Den Reis in einem Sieb abtropfen lassen, in eine Schüssel geben und erkalten lassen. Den Reis mit einer Gabel auflockern.

2. Knoblauch abziehen, Ingwer schälen, beides in kleine Würfel schneiden. Chilischote abspülen, trocken tupfen und entstielen. Chilischote mit den Kernen fein hacken.

3. Zwiebeln abziehen und in etwa 1 cm breite Spalten schneiden. Möhren putzen, schälen, abspülen, abtropfen lassen, in dünne Streifen schneiden.

4. Paksoi putzen, Stielenden abschneiden und entfernen. Paksoi gründlich abspülen, abtropfen lassen, die Blätter abschneiden und grob zerzupfen. Anschließend die Stiele einmal längs durchschneiden.

5. Sprossen abspülen und gut abtropfen lassen. Ananas-Fruchtfleisch in etwa 1 cm breite Stücke schneiden. Die Eier mit etwas Salz und Curry verschlagen.

6. Das Speiseöl in einem großen Wok erhitzen. Möhrenstreifen, Zwiebelspalten, Chili, Ingwer- und Knoblauchwürfel darin etwa 2 Minuten unter Rühren anbraten. Reis hinzugeben und kurz mitbraten lassen.

7. Die Paksoi-Stiele und Sprossen untermischen, etwa ½ Minute mit anbraten. Dann die Paksoi-Blätter und Ananasstücke mit Zucker, Pilzsauce, Sojasauce und Limettenschale unterrühren. Alle Zutaten an den Wokrand schieben.

8. Die verschlagenen Eier in die Mitte des Woks geben, stocken lassen und mit dem Pfannenwender grob zerteilen.

9. Koriander abspülen und trocken tupfen. Die Blättchen von den Stängeln zupfen. Blättchen grob zerkleinern. Gebratenen Reis auf vorgewärmten Tellern anrichten und mit Koriander bestreuen.

Zubereitungszeit: 45 Minuten

Pro Portion:

E: 12 g, F: 23 g, Kh: 67 g, kJ: 2197, kcal: 524, BE: 5,5

Tipps:

Der Reis kann schon am Vortag gegart werden. Die Pilzsauce kann auch durch Sojasauce ausgetauscht werden.

45 Minuten

Für 4 Portionen:

2	rote Zwiebeln
1 große	gelbe Paprikaschote
800 g	festkochende Kartoffeln, z. B. Linda
600 g	Tofu (natur, aus dem Kühlregal)
2 EL	Olivenöl
2 EL	Tomatenmark
1 EL	Paprikapulver edelsüß
1 TL	Kümmelsamen
1,2 l	Gemüsebrühe
	Salz
	gem. Pfeffer
1	Bio-Zitrone (unbehandelt, ungewachst)
2	Knoblauchzehen
1 kleines Bund	Petersilie

Vegan

Kartoffel-Tofu-Gulasch mit Zitrone und Knoblauch

1. Zwiebeln abziehen und in kleine Würfel schneiden. Paprikaschote halbieren, entstielen, entkernen und die weißen Scheidewände entfernen. Schote abspülen, abtropfen lassen und würfeln. Die Kartoffeln schälen, abspülen, abtropfen lassen und in etwa 2 cm große Würfel schneiden. Den Tofu in ebenfalls in etwa 2 cm große Würfel schneiden.

2. Olivenöl in einem Topf erhitzen. Die Zwiebel-, Paprika- und Kartoffelwürfel darin portionsweise andünsten. Tomatenmark, Paprika und Kümmel unterrühren. Die Gemüsebrühe hinzugießen. Mit Salz und Pfeffer würzen. Gulasch zugedeckt etwa 20 Minuten bei schwacher Hitze kochen lassen.

3. In der Zwischenzeit Zitrone heiß abwaschen, abtrocknen und die Schale abreiben. Knoblauch abziehen und fein hacken. Petersilie abspülen und trocken tupfen. Die Blättchen von den Stängeln zupfen, Blättchen klein schneiden. Zitronenschale mit Knoblauch und Petersilie vermischen und zugedeckt beiseitestellen.

4. Nach etwa 20 Minuten Garzeit die Tofuwürfel zum Gulasch geben und miterhitzen. Mit Salz und Pfeffer abschmecken.

5. Das Kartoffel-Tofu-Gulasch mit der beiseitegestellten Kräutermischung bestreuen oder die Kräutermischung dazureichen.

Zubereitungszeit: 45 Minuten
Garzeit: etwa 20 Minuten

Pro Portion:
E: 30 g, F: 14 g, Kh: 37 g, kJ: 1679, kcal: 400, BE: 3,0

Tipp:
Mit einem Salat servieren.

60 Minuten

Für 4 Portionen:

800 g	Steckrüben
	Salzwasser
1,6 kg	festkochende Kartoffeln
300 g	Zwiebeln
40 g	Butter
125 g	Feldsalat
100 g	Weizenmehl
300 g	Semmelbrösel
2 EL	gem. Koriander
2	Eier (Größe M)
150 ml	Öl zum Braten, z. B. Maiskeimöl
	Salz
	gem. Pfeffer

Macht richtig satt

Rübenschnitzel mit Feldsalat-Kartoffelpüree

1. Steckrüben putzen, schälen, abspülen, abtropfen lassen, in 1 cm breite Scheiben schneiden, in kochendem Salzwasser etwa 13 Minuten weich kochen. Mit einer Schaumkelle herausnehmen, in einem Sieb gut abtropfen und erkalten lassen. Kartoffeln schälen, abspülen, abtropfen lassen, in grobe Stücke schneiden, in einem Topf mit etwas Salzwasser zugedeckt in 15–20 Minuten weich kochen.

2. Inzwischen Zwiebeln abziehen, klein würfeln und in zerlassener Butter goldbraun braten. Pfanne von der Kochstelle nehmen.

3. Den Backofen vorheizen. **Ober-/Unterhitze: etwa 80 °C**

4. Den Feldsalat putzen, in einzelne Blätter teilen, gründlich abspülen und gut abtropfen lassen. Mehl in einen Teller geben. Semmelbrösel mit Koriander in einem tiefen Teller vermischen. Die Eier in einem tiefen Teller verschlagen. Die Steckrübenscheiben zuerst in Mehl wenden, dann durch die verschlagenen Eier ziehen und zuletzt in Semmelbröseln wenden. Panade leicht andrücken. Jeweils die Hälfte des Öls in 2 großen Pfannen erhitzen. Die Schnitzel darin von jeder Seite bei mittlerer bis starker Hitze goldbraun und knusprig braten.

5. Schnitzel herausnehmen, auf Küchenpapier abtropfen lassen und auf einem Backblech (mit Backpapier belegt) verteilen. Das Backblech in den vorgeheizten Backofen schieben, die Schnitzel warm halten.

6. Die angebratenen Zwiebeln wieder in der Pfanne erhitzen. Die Feldsalatblätter darin kurz zusammenfallen lassen. Die Kartoffeln abgießen, wieder zurück in den Topf geben. Die Zwiebel-Feldsalat-Mischung hinzugeben, mit einem Kartoffelstampfer grob zerstampfen. Mit Salz und Pfeffer würzen.

7. Das Feldsalat-Kartoffelpüree auf vorgewärmten Tellern anrichten. Die Schnitzel gestapelt darauflegen.

Zubereitungszeit: 60 Minuten

Pro Portion:
E: 20 g, F: 24 g, Kh: 119 g, kJ: 3284, kcal: 783, BE: 9,5

Tipp:
Mit einer **Meerrettichsauce** aus 300 g Crème fraîche, 4 Esslöffeln Sahnemeerrettich, Salz und 4 Esslöffeln Schnittlauchröllchen servieren.

30 Minuten

Für 4 Portionen:

250 ml	Gemüsebrühe
75 g	Grünkernschrot
4	Frühlingszwiebeln
½ Bund	Kerbel
2 Bund	Möhren (je etwa 500 g)
6	Pastinaken (je etwa 200 g)
75 g	Haferflocken, blütenzart
2	Eier (Größe M)
2 EL	Weizenmehl
	Salz
	gem. Pfeffer
3 EL	Olivenöl
2 EL	Butter
½ Bund	Petersilie

Raffiniert

Grünkernbratling auf karamellisierten Wurzeln

1. Die Gemüsebrühe in einem Topf zum Kochen bringen. Grünkernschrot hinzugeben und bei schwacher Hitze etwa 20 Minuten ausquellen lassen.

2. Die Frühlingszwiebeln putzen, abspülen, abtropfen lassen und in feine Scheiben schneiden. Kerbel abspülen und trocken tupfen. Die Blättchen von den Stängeln zupfen. Blättchen klein schneiden. Möhren und Pastinaken putzen, schälen, abspülen, abtropfen lassen und längs vierteln.

3. Den gequollenen Grünkernschrot in eine Schüssel geben. Frühlingszwiebelscheiben, Kerbel, Haferflocken, Eier und Mehl hinzugeben. Die Zutaten gut vermengen. Mit Salz und Pfeffer würzen. Aus der Grünkernmasse 8 gleich große Bratlinge formen.

4. Zwei Esslöffel des Olivenöls in einer Pfanne erhitzen. Die Bratlinge darin vorsichtig bei schwacher Hitze von jeder Seite etwa 4 Minuten braten.

5. Restliches Olivenöl mit der Butter in einem Topf erhitzen. Die Möhren- und Pastinaken darin unter mehrmaligem Rühren anbraten, bis das Gemüse anfängt zu karamellisieren. Mit Salz würzen. Petersilie abspülen und trocken tupfen. Die Blättchen von den Stängeln zupfen. Blättchen klein schneiden. Das Gemüse mit der Petersilie bestreuen und mit den Grünkernbratlingen anrichten.

Zubereitungszeit: 30 Minuten, ohne Quellzeit

Pro Portion:
E: 15 g, F: 22 g, Kh: 78 g, kJ: 2417, kcal: 575, BE: 6,5

Tipp:
Mit einem Joghurtdip servieren.

45 Minuten

Für 4 Portionen:

3	rote Paprikaschoten (je etwa 250 g)
275 g	Zucchini
1	Knoblauchzehe
2 EL	Olivenöl
	Salz
	gem. Pfeffer
12 Scheiben	Toastbrot
50 g	Pesto Rosso (aus getrockneten Tomaten)
200 g abgetropfter	Mozzarella
2	Eier (Größe M)
200 ml	Milch (3,5 % Fett)
75 g	fein ger. Parmesan
1 Stängel	Rosmarin

Raffiniert kombiniert

French-Toast-Auflauf

1. Den Backofengrill vorheizen.

2. Paprikaschoten vierteln, entstielen, entkernen, weiße Scheidewände entfernen. Schotenviertel abspülen, trocken tupfen, mit der Hautseite nach oben auf ein Backblech (gefettet) legen. Das Backblech unter den vorgeheizten Backofengrill schieben. Paprikaviertel so lange rösten, bis die Haut dunkel wird und Blasen wirft (6–8 Minuten). Das Backblech auf einen Rost stellen. Paprika mit einem feuchten Geschirrtuch belegen, etwas abkühlen lassen. Paprika häuten.

3. Zucchini abspülen, abtrocknen und die Enden abschneiden. Zucchini in etwa 1 cm dicke Scheiben schneiden. Knoblauch abziehen, in dünne Scheiben schneiden. Olivenöl in einer großen Pfanne erhitzen. Zucchini- und Knoblauchscheiben darin bei starker Hitze von beiden Seiten kurz anbraten. Mit Salz und Pfeffer würzen.

4. Die Toastbrotscheiben im Toaster goldbraun rösten oder unter dem vorgeheizten Backofengrill von beiden Seiten rösten.

5. Den Backofen vorheizen.
   Ober-/Unterhitze: etwa 180 °C
   Heißluft: etwa 160 °C

6. Die Toastbrotscheiben auf einer Seite mit Pesto bestreichen. Die Hälfte der Brotscheiben mit der bestrichenen Seite nach oben nebeneinander in eine rechteckige Auflaufform (gefettet) legen. Mit Paprikavierteln und Zucchinischeiben belegen. Mozzarella, etwas auseinanderzupfen und auf den Brotscheiben verteilen. Die restlichen Brotscheiben mit der bestrichenen Seite nach unten darauflegen und etwas andrücken. Eier mit Milch und Parmesan verschlagen, mit Salz und Pfeffer würzen. Die Eier-Parmesan-Milch auf dem Auflauf verteilen.

7. Rosmarin abspülen, trocken tupfen. Nadeln von den Stängeln zupfen. Den Auflauf mit Rosmarinnadeln bestreuen. Die Form auf dem Rost in den vorgeheizten Backofen (unteres Drittel) schieben. Den Auflauf **30–35 Minuten garen.** Die Form aus dem Backofen nehmen. Den Auflauf sofort servieren.

Zubereitungszeit: 45 Minuten, ohne Abkühlzeit
Garzeit: 30–35 Minuten

Pro Portion:
E: 29 g, F: 36 g, Kh: 51 g, kJ: 2696, kcal: 646, BE: 4,0

90 Minuten

Für 4 Portionen:

Für die Knödel:

6	Laugenbrezeln, vom Vortag
500 ml	Milch (3,5 % Fett)
	Salz
	gem. Pfeffer
	ger. Muskatnuss
2	Zwiebeln
2 EL	Butter
3 kleine	Eier (Größe S)
2 EL	gehackte Petersilie
1	Möhre
50 g	Porree (Lauch)
500 ml	Speiseöl zum Frittieren
	Salzwasser
600 g	gemischte Pilze (Champignons, Austernpilze, Shiitake)
2 EL	Olivenöl
½ Bund	glatte Petersilie
160 g	Butter

Raffiniert

Semmelknödel auf gebratenen Pilzen mit Gemüsestroh

1. Für die Knödel von den Brezeln das Salz abreiben. Brezeln klein würfeln, in eine Schüssel geben. Milch mit Salz, Pfeffer und etwas Muskat erhitzen, zu den Brezelwürfeln geben, gut durchrühren.

2. Zwiebeln abziehen, klein würfeln. Butter zerlassen. Die Zwiebelwürfel darin andünsten, zu den Brezelwürfeln in die Schüssel geben. Eier verschlagen, mit der Petersilie ebenfalls hinzugeben und unterrühren. Mit Salz und Pfeffer würzen.

3. Möhre putzen, schälen, abspülen, abtropfen lassen, in sehr feine Streifen schneiden. Porree gründlich waschen, abtropfen lassen, in sehr feine Streifen schneiden. Speiseöl in einer Fritteuse auf etwa 150 °C erhitzen. Die Gemüsestreifen darin kurz vorfrittieren und mit einer Schaumkelle herausnehmen. Das Speiseöl nun auf etwa 180 °C erhitzen. Die Gemüsestreifen in dem Speiseöl knusprig braun ausbacken, wieder mit einer Schaumkelle herausnehmen, auf Küchenpapier abtropfen lassen. Mit Salz würzen und warm halten.

4. Aus der Knödelmasse 8 oder 12 Knödel formen. In einem großen Topf so viel Salzwasser zum Kochen bringen, dass die Knödel in dem Salzwasser „schwimmen" können. Die Knödel in das kochende Salzwasser geben, wieder zum Kochen bringen, etwa 15 Minuten gar ziehen lassen (das Wasser muss sich leicht bewegen).

5. Inzwischen Pilze putzen, evtl. kurz abspülen, trocken tupfen, in Stücke schneiden. Olivenöl in einer großen Pfanne erhitzen. Die Pilzstücke darin unter Rühren braten. Mit Salz und Pfeffer würzen. Petersilie abspülen und trocken tupfen. Blättchen von den Stängeln zupfen. Blättchen klein schneiden, unter die Pilze heben.

6. Die Butter zerlassen und unter ständigem Rühren braun werden lassen, damit die Butter einen nussigen Geschmack bekommt. Die Pilze auf 4 Tellern verteilen. Jeweils 2 oder 3 Knödel daraufgeben. Die braune Butter über die Knödel träufeln und mit dem warm gehaltenen Gemüsestroh garnieren.

Zubereitungszeit: 90 Minuten

Pro Portion:

E: 26 g, F: 61 g, Kh: 88 g, kJ: 4194, kcal: 1002, BE: 7,0

45 Minuten

Für 4 Portionen:

2	Bio-Zitronen (unbehandelt, ungewachst)
1 l	kaltes Wasser
600 g	Schwarzwurzeln
300 g	Rosenkohl
2 EL	Olivenöl
	Salz
	gem. schwarzer Pfeffer
1 große	Tomate
2 EL	geröstete Sesamsamen
1 EL	schwarzer Sesamsamen (erhältlich im Asialaden)

Vegan

Roh gebratene Schwarzwurzeln mit Rosenkohl und Sesam

1. Die Zitronen heiß abwaschen, abtrocknen und die Schale fein abreiben. Zitronen halbieren und den Saft auspressen. Den Zitronensaft mit Wasser in einer Schüssel verrühren. Die Schwarzwurzeln unter fließendem kaltem Wasser gründlich abbürsten, mit einem Sparschäler sorgfältig schälen (dabei am besten Einweghandschuhe tragen, um sich vor dem sehr klebrigen Saft zu schützen), abspülen und abtropfen lassen. Die Wurzeln in das Zitronenwasser legen, damit die Stangen weiß bleiben.

2. Von dem Rosenkohl die äußeren Blätter entfernen und etwas vom Strunk abschneiden. Röschen am Strunk kreuzförmig einschneiden, abspülen und gut abtropfen lassen. Rosenkohlröschen halbieren.

3. Die Schwarzwurzeln abspülen, abtropfen lassen und schräg in etwa 3 cm lange Stücke schneiden. Olivenöl in einer großen Pfanne erhitzen. Die Schwarzwurzelstücke darin etwa 10 Minuten unter mehrmaligem Wenden knackig braun braten. Mit Salz, Pfeffer und Zitronenschale würzen.

4. In der Zwischenzeit den Rosenkohl in kochendem Wasser 1–2 Minuten blanchieren und anschließend mit kaltem Wasser abschrecken. Die Tomate abspülen, trocken tupfen, vierteln und entkernen. Tomate in kleine Würfel schneiden.

5. Nach etwa 5 Minuten Bratzeit, wenn die Schwarzwurzeln anfangen braun zu werden (sie sollen knackig sein), den Rosenkohl hinzugeben und etwa 5 Minuten mitbraten lassen. Das Gemüse nochmals mit Salz, Pfeffer und Zitronenschale abschmecken. Zuletzt den gerösteten und schwarzen Sesam mit den Tomatenwürfeln unterrühren. Das Gemüse anrichten und sofort servieren.

Zubereitungszeit: 45 Minuten

Pro Portion:
E: 6 g, F: 12 g, Kh: 5 g, kJ: 634, kcal: 152, BE: 0,5

60 Minuten

Für 4 Portionen:

8 kleine	Artischocken (je 250–300 g)
8 EL	Olivenöl
3 EL	Zitronensaft
	Salz
	gem. Pfeffer
12	Knoblauchzehen
100 ml	Madeira (Dessertwein)
225 ml	trockener Weißwein
375–400 ml	Gemüsebrühe
400 g	Mangold
30	getrocknete Soft-Tomaten
4 Stängel	Thymian
16	schwarze Oliven, mit Stein, z. B. Kalamata
5 Stängel	glatte Petersilie
4 Stängel	Basilikum
50 g	Parmesan (am Stück)

Mit Alkohol

Artischocken-Mangold-Gemüse

1. Den Backofen vorheizen.
   Ober-/Unterhitze: etwa 180 °C
   Heißluft: etwa 160 °C

2. Von den Artischocken die äußeren harten, grünen Blätter entfernen. Das dunkle Grün am Stielansatz der Artischocken mit einem scharfen Messer entfernen. Die Stiele dick schälen. Das Heu mit einem Kugelausstecher aus der Artischockenmitte herauslösen.

3. Artischocken vierteln, mit 4 Esslöffeln des Olivenöls und dem Zitronensaft mischen, mit Salz und Pfeffer würzen. Die Artischockenviertel in einen großen Bräter oder eine Fettpfanne legen. Die Knoblauchzehen mit der Schale hinzugeben. Madeira, Weißwein und Brühe hinzugießen.

5. Den Bräter auf dem Rost oder die Fettpfanne in den vorgeheizten Backofen (untere Einschubleiste) schieben. Die Artischocken **80–90 Minuten garen,** dabei ab und zu wenden.

6. Mangold putzen, gründlich waschen, abtropfen lassen. Stiele von den Blättern schneiden. Die Blätter in große Stücke zupfen, Stiele in etwa 8 cm lange Stücke schneiden. Tomaten in dünne Streifen schneiden. Thymian abspülen, trocken tupfen. Die Blättchen von den Stängeln zupfen. Nach etwa 65 Minuten Garzeit die Mangoldstiele mit Thymianblättchen, Tomatenstreifen und Oliven zu den Artischocken in den Bräter oder in die Fettpfanne legen und fertig garen.

7. Etwa 10 Minuten vor Ende der Garzeit das restliche Olivenöl in einer großen Pfanne erhitzen. Die Mangoldblätter darin 4–5 Minuten unter Wenden leicht anbraten. Mit Salz und Pfeffer würzen. Kräuter abspülen, trocken tupfen. Die Blättchen von den Stängeln zupfen. Blättchen klein schneiden und kurz vor dem Servieren mit den Mangoldblättern unter die Artischocken mischen.

8. Parmesan dünn hobeln. Artischocken-Mangold-Gemüse auf Tellern anrichten und mit Parmesanhobeln bestreut servieren.

Zubereitungszeit: 60 Minuten
Garzeit: 80–90 Minuten

Pro Portion:
E: 13 g, F: 27 g, Kh: 12 g, kJ: 1724, kcal: 411, BE: 0,5

60 Minuten

Für 4 Portionen:

125 g	Blattspinat
	Salzwasser
2	Eier (Größe L)
50 ml	Milch (3,5 % Fett)
	Salz
	gem. Pfeffer
	ger. Muskatnuss
200 g	Weizenmehl
10	Schalotten (etwa 150 g)
2–3 EL	Rapsöl
125 g	Sahnejoghurt
	Zucker
etwas	Zitronensaft
1 Bund	Radieschen
1 kleine	Salatgurke
200 g	Blattsalatmix (aus dem Kühlregal)
2 EL	Butter
2 EL	Schnittlauchröllchen

Etwas Besonderes

Spinatspätzle mit geschmorten Schalotten und buntem Salat

1. Blattspinat verlesen, dicke Stiele entfernen. Spinat gründlich waschen, abtropfen lassen, in kochendes Salzwasser geben und zusammenfallen lassen. Spinat mit einer Schaumkelle herausnehmen, mit kaltem Wasser abschrecken, abtropfen lassen, gut ausdrücken.

2. Eier mit Milch, Salz, Pfeffer und etwas Muskat in einem hohen Rührbecher verschlagen. Spinat hinzugeben, alles fein pürieren. Mehl mit einem Kochlöffel unter die Püreemasse arbeiten. Den Teig so lange rühren, bis er eine zähe, dickflüssige Konsistenz hat und Blasen wirft. Den Spätzleteig zugedeckt etwa 20 Minuten ruhen lassen.

3. In der Zwischenzeit Schalotten abziehen, in Scheiben schneiden. Rapsöl in einer kleinen Pfanne erhitzen. Die Zwiebelscheiben darin bei schwacher Hitze goldgelb rösten. Zwiebelscheiben aus der Pfanne nehmen, auf Küchenpapier abtropfen lassen, mit Salz würzen und warm stellen.

4. Joghurt, Zucker, Salz und Zitronensaft zu einem Dressing verrühren. Reichlich Wasser in einem großen Topf zum Kochen bringen, Salz hinzugeben. Den Teig portionsweise mit einem Spätzlehobel oder durch eine Spätzlepresse in das kochende Salzwasser geben, und 3–5 Minuten gar kochen (Spätzle sind gar, wenn sie an der Oberfläche schwimmen). Spätzle mit einer Schaumkelle herausnehmen, in ein Sieb geben, mit kaltem Wasser abschrecken, abtropfen lassen.

5. In der Zwischenzeit Radieschen und Salatgurke putzen, abspülen, trocken tupfen und in Scheiben hobeln oder schneiden. Blattsalatmix abspülen und trocken tupfen oder trocken schleudern. Radieschen-, Gurkenscheiben und Blattsalatmix mit dem Dressing vermischen.

6. Die Butter zerlassen. Die Spätzle darin schwenken. Mit Salz und etwas Muskat würzen. Die Spätzle auf Tellern anrichten. Die gerösteten Schalottenscheiben darauf verteilen und mit Schnittlauchröllchen bestreuen. Die Spätzle mit dem Salat servieren.

Zubereitungszeit: 60 Minuten, ohne Ruhezeit

Pro Portion:
E: 13 g, F: 22 g, Kh: 44 g, kJ: 1801, kcal: 430, BE: 3,5

40 Minuten

Für 4 Portionen:

650 g	Cocktailtomaten
9 EL	Olivenöl
	Meersalz
	gem. schwarzer Pfeffer
1 EL	Puderzucker
100 g	Zwiebeln
1–2	Knoblauchzehen
2 l	heiße Gemüsebrühe
400 g	Risone-Nudeln (Nudeln, wie große Reiskörner aussehend)
75 ml	Weißwein
100 g	Parmesan (am Stück)
75 g	Rucola (Rauke)
5 Stängel	Basilikum
evtl. etwas	Olivenöl

Mediterran – mit Alkohol

Pastasotto mit halb getrockneten Tomaten

1. Den Backofen vorheizen.
   Ober-/Unterhitze: etwa 130 °C

2. Tomaten abspülen, trocken tupfen, halbieren und evtl. die Stängelansätze herausschneiden. Tomatenhälften mit der Schnittfläche nach oben auf ein Backblech (mit Backpapier belegt) legen. Mit 4 Esslöffeln Olivenöl beträufeln, mit Salz und Pfeffer bestreuen, mit Puderzucker bestäuben.

3. Das Backblech in den vorgeheizten Backofen schieben. Tomatenhälften etwa 2 Stunden garen (trocknen), dabei die Backofentür einen kleinen Spalt breit offen lassen.

4. Zwiebeln und Knoblauch abziehen, in kleine Würfel schneiden. Brühe erhitzen. Restliches Olivenöl in einem Topf erhitzen. Zwiebel- und Knoblauchwürfel darin kräftig andünsten. Die Nudeln hinzugeben und ebenfalls kräftig mitdünsten lassen. Mit Wein ablöschen und ganz einkochen lassen. 250 ml der heißen Brühe hinzugießen und zum Kochen bringen. Mit Salz und Pfeffer würzen.

5. Den Pastasotto 17–20 Minuten bei schwacher bis mittlerer Hitze al dente garen. Während der Garzeit nach und nach die restliche Brühe hinzugießen und dabei den Pastasotto sehr häufig umrühren. Der Pastasotto sollte schön sämig sein.

6. Parmesan fein reiben. Rucola putzen, abspülen, trocken tupfen oder schleudern. Die groben Stiele abschneiden. Rucola grob zerschneiden. Basilikum ebenfalls abspülen und trocken tupfen. Die Blättchen von den Stängeln zupfen. Blättchen grob zerschneiden. Den Parmesan unter den Pastasotto rühren.

7. Den Pastasotto auf Tellern anrichten. Die warmen Tomatenhälften vom Backblech nehmen und darauf verteilen. Mit Rucola und Basilikum bestreuen. Nach Belieben noch etwas Olivenöl darauftr äufeln.

Zubereitungszeit: 40 Minuten, ohne Trockenzeit
Garzeit: Pastasotto 17–20 Minuten

Pro Portion:
E: 24 g, F: 33 g, Kh: 81 g, kJ: 3046, kcal: 722, BE: 6,0

60 Minuten

Für 4 Portionen:

600 g	mehligkochende Kartoffeln
	Salz
	ger. Muskatnuss
1	Ei (Größe M)
2	Eigelb (Größe M)
etwa 180 g	Weizenmehl
	Salzwasser
125 g	Rucola (Rauke)
2 EL	Butter
1 EL	Olivenöl
2 EL	abgetropfte feine Kapern
100 g	abgetropfte rote Oliven

Klassisch

Gnocchi mit Kapern, Oliven und Rucola

1. Die Kartoffeln gründlich waschen, abtropfen lassen und in einem Topf knapp mit Wasser bedeckt zum Kochen bringen. Salz hinzugeben. Die Kartoffeln zugedeckt etwa 25 Minuten kochen. Die garen Kartoffeln abgießen, abdämpfen und heiß pellen. Kartoffeln durch eine Kartoffelpresse direkt auf die Arbeitsfläche drücken. Salz und Muskat auf die Kartoffelmasse streuen.

2. Ei und Eigelb verschlagen. Das Mehl und die verschlagenen Eier auf der Kartoffelmasse verteilen und mit den Händen kurz zu einem glatten Teig verkneten.

3. Den Teig auf der bemehlten Arbeitsfläche zu gleichmäßigen Rollen formen. Die Teigrollen dann in etwa 3 cm lange Stücke schneiden.

4. In einem Topf so viel Salzwasser zum Kochen bringen, dass die Gnocchi schwimmen können. Die Gnocchi in das kochende Salzwasser geben, wieder zum Kochen bringen und ohne Deckel bei schwacher Hitze gar ziehen lassen (das Wasser muss sich leicht bewegen). Die Gnocchi sind gar, wenn sie an der Oberfläche schwimmen.

5. In der Zwischenzeit Rucola putzen und die harten Stiele abschneiden. Rucola abspülen und trocken tupfen. Butter mit dem Olivenöl in 2 großen Pfannen erhitzen. Die Kapern und Oliven darin andünsten. Die Gnocchi mit einem Schaumlöffel aus dem Topf nehmen, abtropfen lassen und in den Pfannen verteilen. Mit Salz und Pfeffer würzen, durchschwenken und auf eine vorgewärmte Platte geben. Mit Rucola bestreuen und sofort servieren.

Zubereitungszeit: 60 Minuten

Pro Portion:
E: 12 g, F: 20 g, Kh: 57 g, kJ: 1962, kcal: 468, BE: 4,5

Tipp:
Mit frisch geriebenem Pecorino und ofenfrischem Baguette servieren.

50 Minuten

Für 4 Portionen:

400 g	Pfifferlinge
300 g	mehligkochende Kartoffeln
	Salz
700 g	Hokkaido-Kürbis
125 ml	Wasser
1	Ei (Größe L)
175 g	Weizenmehl
50 g	Weichweizengrieß
	ger. Muskatnuss
3 EL	Olivenöl
75 g	Butter
	gem. schwarzer Pfeffer
16	schöne Salbeiblättchen
1 EL	Paprikapulver edelsüß

Für Gäste

Kürbis-Gnocchi mit Pfifferlingen

1. Die Pfifferlinge putzen, evtl. kurz abspülen, gut abtropfen lassen und auf einem Geschirrtuch trocknen lassen. Größere Pfifferlinge halbieren oder vierteln. Kartoffeln unter fließendem Wasser abbürsten, knapp mit Wasser bedeckt zum Kochen bringen, zugedeckt etwa 20 Minuten garen.

2. Den Backofen vorheizen.
Ober-/Unterhitze: etwa 200 °C, Heißluft: etwa 180 °C

3. In der Zwischenzeit Kürbis abspülen, abtropfen lassen, halbieren. Kerne mit einem Löffel herausschaben. Kürbis mit der Schale in etwa 4 cm große Würfel schneiden, mit Salz würzen. Kürbiswürfel auf einem Backblech (mit Backpapier belegt) verteilen. Wasser hinzugießen. Das Backblech in den vorgeheizten Backofen schieben. Die Kürbiswürfel **etwa 25 Minuten garen**, dabei einmal umdrehen.

4. Kartoffeln abgießen, abdämpfen, noch warm pellen. Kartoffeln mit den gegarten Kürbiswürfeln durch eine Kartoffelpresse in eine Rührschüssel drücken. Ei, Mehl und Grieß hinzugeben, noch warm unterkneten. Die Masse mit Salz und Muskat würzen. Den Kartoffel-Kürbis-Teig auf einer leicht bemehlten Arbeitsfläche zu 3 etwa 50 cm langen Rollen formen. Rollen in 2 ½–3 cm breite Stücke schneiden. Gnocchi auf der leicht bemehlten Arbeitsfläche liegen lassen.

5. Olivenöl in einer sehr großen Pfanne erhitzen. Die Pfifferlinge darin 2–3 Minuten kräftig anbraten, dabei wenig rühren. Pfifferlinge mit Salz leicht würzen. Die Butter in einem kleinen Topf goldbraun zerlassen, mit Salz und Pfeffer würzen. Gnocchi wie auf Seite 93 (Punkt 4) beschrieben garen.

6. In der Zwischenzeit die braune Butter nochmals erhitzen. Die abgespülten und trocken getupften Salbeiblättchen darin leicht rösten.

7. Die abgetropften Gnocchi auf vorgewärmten Tellern anrichten, die Pfifferlinge darauf verteilen und mit der Salbeibutter beträufeln. Dann mit Paprika bestreuen und sofort servieren.

Zubereitungszeit: 50 Minuten
Garzeit: etwa 25 Minuten

Pro Portion:
E: 13 g, F: 26 g, Kh: 61 g, kJ: 2227, kcal: 532, BE: 5,0

30 Minuten

Für 4 Portionen:

2 kleine	rote Chilischoten
2	Knoblauchzehen
100 g	getrocknete Tomaten in Öl
180 g	abgetropfte Artischockenböden in Lake (aus dem Glas)
1 Bund	Rucola (Rauke)
5 l	Wasser
5 gestr. TL	Salz
500 g	Linguine
4 EL	entsteinte Taggiasca-Oliven
2 EL	abgetropfte, feine Kapern
2 EL	Olivenöl

Würziger Gaumenschmaus

Scharfe Linguine mit Oliven, Kapern, eingelegten Tomaten und Artischocken

1. Chilischoten abspülen, trocken tupfen und entstielen. Chilischoten in feine Ringe schneiden. Knoblauch abziehen und in feine Scheiben schneiden. Die eingelegten Tomaten in einem Sieb abtropfen und das Öl auffangen. Artischockenböden abspülen, abtropfen lassen und in gleich große Tortenstücke schneiden. Abgetropfte Tomaten vierteln.

2. Rucola putzen und die harten Stiele abschneiden. Rucola abspülen und trocken schleudern oder gut trocken tupfen. Rucola grob zerschneiden.

3. Wasser in einem großen Topf zugedeckt zum Kochen bringen. Dann Salz und Nudeln hinzugeben. Die Nudeln im geöffneten Topf bei mittlerer Hitze nach Packungsanleitung bissfest kochen, dabei gelegentlich umrühren.

4. In der Zwischenzeit das aufgefangene Öl von den Tomaten in einer Pfanne erhitzen. Die Chiliringe, Knoblauchscheiben, Tomatenviertel und Artischocken darin andünsten. Eine Suppenkelle von dem kochenden Nudelwasser hinzugeben, Oliven und Kapern unterrühren.

5. Die garen Nudeln in ein Sieb geben, mit heißem Wasser abspülen und abtropfen lassen. Die Nudeln mit dem Olivenöl und dem Gemüse vermengen.

6. Scharfe Linguine anrichten und mit Rucola bestreut servieren.

Zubereitungszeit: 30 Minuten

Pro Portion:
E: 17 g, F: 21 g, Kh: 99 g, kJ: 2780, kcal: 659, BE: 8,0

35 Minuten

Für 4 Portionen:

7 EL	Olivenöl
75 g	Pinienkerne
2	Knoblauchzehen
	Salzwasser
450 g	TK-Erbsen
6 Stängel	Basilikum
	Salz
	grob gem. schwarzer Pfeffer
50 g	getrocknete Tomaten
100 ml	Wasser
50 g	Rucola (Rauke)
4 l	Wasser
4 gestr. TL	Salz
400 g	Rigatoni (ital. Röhrennudeln)
60 g	fein ger. Parmesan

Schnell & einfach

Rigatoni mit Erbsenpesto

1. Einen Esslöffel Olivenöl in einer Pfanne erhitzen. Die Pinienkerne darin unter Rühren goldbraun rösten. Den Knoblauch abziehen, durch eine Knoblauchpresse drücken und unter die Pinienkerne rühren.

2. Salzwasser in einem Topf zum Kochen bringen. Die gefrorenen Erbsen hinzugeben, wieder zum Kochen bringen und etwa 3 Minuten bei starker Hitze kochen lassen. Anschließend die Erbsen kurz in Eiswasser abschrecken und in einem Sieb gut abtropfen lassen.

3. Basilikum abspülen und trocken tupfen. Von 4 Stängeln die Blättchen abzupfen. Restliche Basilikumstängel beiseitelegen.

4. Die Erbsen mit den Basilikumblättchen, Pinienkernen und dem restlichen Olivenöl in eine Küchenmaschine mit Schneidmesser geben und grob pürieren. Oder mit einem Pürierstab grob pürieren. Püree mit Salz und grob gemahlenem Pfeffer würzen.

5. Tomaten in kleine Stücke schneiden, mit 100 ml Wasser in einem kleinen Topf zum Kochen bringen und bei mittlerer Hitze einkochen lassen, bis fast keine Flüssigkeit mehr vorhanden ist.

6. Rucola putzen, und die groben Stiele abschneiden. Rucola abspülen, trocken tupfen.

7. Das Wasser in einem großen Topf zugedeckt zum Kochen bringen. Dann Salz und Nudeln hinzugeben. Die Nudeln im geöffneten Topf bei mittlerer Hitze nach Packungsanleitung kochen lassen, dabei gelegentlich umrühren. Anschließend die Nudeln in ein Sieb geben, mit heißem Wasser abspülen und abtropfen lassen.

8. Von den beiseitegelegten Basilikumstängeln die Blättchen abzupfen. Blättchen grob zerschneiden.

9. Die Nudeln mit dem Erbsenpesto mischen und sofort in vorgewärmten Tellern anrichten. Mit Basilikum, Rucola und Parmesan bestreut sofort servieren.

Zubereitungszeit: 35 Minuten

Pro Portion:
E: 31 g, F: 34 g, Kh: 90 g, kJ: 3297, kcal: 788, BE: 7,5

40 Minuten

Für 4 Portionen:

4	Paprikaschoten (rot, gelb, grün gemischt)
2	rote Zwiebeln
120 g	Instant-Couscous
2	Tomaten
4	Frühlingszwiebeln
4 Stängel	Minze
1	Bio-Limette (unbehandelt, ungewachst)
	Salz, gem. Pfeffer
5 EL	Olivenöl
4 Stängel	Koriander

Außerdem:

8	Holzspieße

Darauf freuen sich Gäste

Bunte Paprikaspieße mit Couscous (Titelrezept)

1. Die Paprikaschoten halbieren, entstielen, entkernen, weiße Scheidewände entfernen. Schoten abspülen, abtropfen lassen, in gleich große Stücke schneiden. Zwiebeln abziehen, vierteln, in Größe der Paprikastücke schneiden. Die Paprika- und Zwiebelstücke abwechselnd auf 8 Holzspieße stecken.

2. Den Backofen vorheizen.
Ober-/Unterhitze: etwa 180 °C
Heißluft: etwa 160 °C

3. Couscous nach Packungsanleitung zubereiten. Tomaten abspülen, trocken tupfen, halbieren, würfeln. Frühlingszwiebeln putzen, abspülen, abtropfen lassen, in feine Scheiben schneiden. Minze abspülen, trocken tupfen. Die Blättchen von den Stängeln zupfen. Blättchen in feine Streifen schneiden.

4. Limette heiß abwaschen, abtrocknen und die Schale fein abreiben. Limette halbieren und den Saft auspressen.

5. Das vorbereitete Gemüse mit Couscous vermischen. Couscous mit Limettensaft, -schale, Salz und Pfeffer würzen. 3 Esslöffel Olivenöl und die Minzestreifen unterheben.

6. Restliches Olivenöl in einer hitzebeständigen Pfanne erhitzen. Die Paprikaspieße darin von allen Seiten anbraten, mit Salz und Pfeffer würzen. Die Pfanne auf dem Rost in den vorgeheizten Backofen schieben. Die Spieße **etwa 15 Minuten garen.**

7. Koriander abspülen, trocken tupfen. Die Blättchen von den Stängeln zupfen. Die Paprikaspieße mit dem Couscous anrichten und mit Korianderblättchen garnieren.

Zubereitungszeit: 40 Minuten

Pro Portion:
E: 7 g, F: 11 g, Kh: 36 g, kJ: 1131, kcal: 270, BE: 2,5

45 Minuten

Mit Alkohol

Zitronenrisotto mit gegrilltem Kürbis

Für 4 Portionen:

1 kleiner	Hokkaido-Kürbis
750 ml	Gemüsebrühe
3	Bio-Zitronen (unbehandelt, ungewachst)
1	Zwiebel
2 EL	Olivenöl
300 g	Rundkornreis, z. B. Arborio
100 ml	trockener Weißwein
	Salz
	gem. schwarzer Pfeffer
80 g	Butter
100 g	frisch ger. Parmesan
100 ml	Olivenöl
1 EL	frische Thymianblättchen
1 EL	frische Rosmarinnadeln
1 TL	Chiliflocken
2 EL	grob geschnittene glatte Petersilie

1. Den Kürbis abspülen, trocken tupfen und vierteln. Aus den Kürbisvierteln die Kerne mit einem Löffel herausschaben. Die Kürbisstücke in etwa 2 cm breite Spalten schneiden. Die Kürbisspalten in einer erhitzten Grillpfanne von allen Seiten goldbraun rösten, herausnehmen und warm stellen.

2. Die Gemüsebrühe in einem Topf zum Kochen bringen. Die Zitronen heiß abwaschen und abtrocknen. Von 2 Zitronen die Schale ganz fein abreiben. Von der letzten Zitrone mit einem Zestenreißer schmale Streifen abziehen. Die Zitronen halbieren und jeweils den Saft auspressen. Zwiebel abziehen und klein würfeln.

3. Olivenöl in einem Topf erhitzen. Die Zwiebelwürfel darin glasig dünsten. Den Reis hinzugeben und unter Rühren kurz mitdünsten lassen. Mit Weißwein ablöschen. So lange rühren, bis der Reis den Wein aufgenommen hat.

4. Mit einer Suppenkelle immer wieder etwas von der kochenden Brühe zum Reis geben. Den Reis unter ständigem Rühren garen, bis die ganze Brühe vom Reis aufgenommen wurde. Den Reis mit Salz und Pfeffer würzen. Der Reis ist nach 18–20 Minuten gar.

5. Die Butter und den Parmesan unter den Reis rühren. Den Reis mit der abgeriebenen Zitronenschale und dem Zitronensaft abschmecken (die Konsistenz soll cremig sein).

6. Aus Olivenöl, Thymian, Rosmarin und Chili ein Würzöl herstellen. Die warm gestellten Kürbisspalten mit dem Würzöl bestreichen und mit Salz würzen.

7. Das Risotto auf 4 Tellern anrichten. Mit Zitronenzesten und Petersilie garnieren. Die Kürbisspalten auf den Tellern verteilen oder dazureichen.

Zubereitungszeit: 45 Minuten

Pro Portion:
E: 17 g, F: 55 g, Kh: 71 g, kJ: 3674, kcal: 878, BE: 6,0

Tipp:
Die Schale von dem Hokkaido-Kürbis kann mitgegessen werden.

50 Minuten

Für 4 Portionen:

150 g	ganze Weizenkörner
300 g	Zwiebeln
1	Knoblauchzehe
125 g	Bergkäse
1 Bund	Petersilie
500 g	Pastinaken
2–2,2 l	Gemüsebrühe
100 g	Butter
300 g	Risotto-Reis
200 ml	trockener Weißwein
	Salz
	gem. schwarzer Pfeffer
2 geh. EL	Zucker
200 ml	Birnensaft
2 EL	Balsamico-Essig
4 EL	Walnussöl

Mit Alkohol

Weizen-Risotto mit Pastinaken und glasierten Zwiebeln

1. Am Vortag die Weizenkörner in einer Schüssel mit kaltem Wasser übergießen, sodass sie ganz bedeckt sind und über Nacht einweichen.

2. Am nächsten Tag die Weizenkörner abgießen, in einen Topf geben, so viel Wasser hinzugießen, dass sie ganz bedeckt sind, zum Kochen bringen. Weizenkörner zugedeckt 40–45 Minuten bei schwacher Hitze kochen lassen. Den Topf von der Kochstelle nehmen.

3. In der Zwischenzeit Zwiebeln und Knoblauch abziehen. 100 g der Zwiebeln in kleine Würfel schneiden. Knoblauch in dünne Scheiben schneiden. Restliche Zwiebeln zuerst in dünne Scheiben schneiden, dann in Ringe teilen. Bergkäse entrinden und fein reiben. Petersilie abspülen, trocken tupfen. Blättchen von den Stängeln zupfen. Blättchen klein schneiden. Pastinaken schälen, abspülen, abtropfen lassen, in dünne Scheiben schneiden, große Pastinaken evtl. zuvor durchschneiden.

4. Die Brühe aufkochen lassen. Die Hälfte der Butter in einem Topf zerlassen. Die Zwiebelwürfel und Knoblauchscheiben darin andünsten. Reis hinzugeben, kurz glasig-weiß andünsten. Mit Wein ablöschen und fast vollständig einkochen lassen. Weizenkörner hinzugeben, ein Achtel der heißen Brühe hinzugießen. Risotto bei mittlerer Hitze kochen lassen. Mit Salz und Pfeffer würzen. Den Risotto etwa 20 Minuten unter häufigem Rühren al dente garen. Dabei nach und nach die restliche heiße Brühe (sobald die Brühe vom Reis aufgenommen wurde) hinzugießen. Die Pastinakenscheiben nach etwa 10 Minuten Garzeit unter den Reis rühren und mitgaren lassen.

5. In der Zwischenzeit restliche Butter in einer Pfanne zerlassen. Zwiebelringe mit Zucker, etwas Salz und Pfeffer kräftig andünsten. Nach und nach den Birnensaft mit dem Balsamico-Essig hinzugeben und immer wieder ganz einkochen lassen, bis die Zwiebelringe weich sind.

6. Den geriebenen Bergkäse und die Petersilie unter den Risotto rühren, evtl. nachwürzen. Weizen-Risotto anrichten. Glasierte Zwiebelringe darauf verteilen und mit Walnussöl beträufeln.

Zubereitungszeit: 50 Minuten, ohne Einweichzeit

Pro Portion:
E: 22 g, F: 43 g, Kh: 112 g, kJ: 4057, kcal: 968, BE: 9,0

65 Minuten

Für 4–6 Portionen:

Für den Teig:

325 g	Weizenmehl
100 g	Maismehl
½	gestr. TL Salz
1 TL	Zucker
125 g	kalte Butter
175 g	gut gekühlte Buttermilch
700 g	Auberginen
450 g	rote Paprikaschoten
125 g	Zwiebeln
2	Knoblauchzehen
6 EL	Olivenöl
1 TL	Fenchelsamen
125 ml	trockener Weißwein
2 Stängel	Rosmarin
etwa 20	schwarze Oliven, mit Stein, z. B. Kalamata
	Salz
	gem. schwarzer Pfeffer
200 g	Cocktailtomaten
125 g	Parmesan (am Stück)
100 g	Semmelbrösel
10	schöne Basilikumblättchen

Schmeckt nach Urlaub – mit Alkohol

Paprika-Auberginen-Pie

1. Für den Teig Mehl, Maismehl, Salz und Zucker in einer Rührschüssel mischen. Klein gewürfelte Butter mit den Händen krümelig untermischen (nicht kneten). Buttermilch schnell untermengen. Die Zutaten kurz geschmeidig kneten. Den Teig flach drücken, in Frischhaltefolie wickeln und 3–4 Stunden in den Kühlschrank stellen.

2. Auberginen abspülen, abtrocknen und die Stängelansätze abschneiden. Auberginen in etwa 2 cm große Würfel schneiden. Paprikaschoten halbieren, entstielen, entkernen, weiße Scheidewände entfernen. Schoten abspülen, abtropfen lassen, in etwa 2 cm große Stücke schneiden. Zwiebeln und Knoblauch abziehen. Zwiebeln in kleine Würfel, Knoblauchzehen in dünne Scheiben schneiden.

3. Öl in einem Topf erhitzen. Auberginenwürfel, Paprikastücke, Zwiebelwürfel, Knoblauchscheiben und Fenchelsamen darin kräftig andünsten. Die Zutaten mit Wein ablöschen, ganz einkochen lassen.

4. Den Backofen vorheizen.
Ober-/Unterhitze: etwa 200 °C, Heißluft: etwa 180 °C

5. Rosmarin abspülen, trocken tupfen. Die Nadeln von den Stängeln zupfen. Nadeln fein hacken, unter das Auberginen-Paprika-Gemüse geben. Oliven vom Stein schneiden und untermischen. Mit Salz und Pfeffer würzen. Tomaten abspülen, trocken tupfen, halbieren und evtl. die Stängelabsätze herausschneiden. Parmesan grob reiben.

6. Den Teig auf einer bemehlten Arbeitsfläche zu einem Oval (etwa 48 x 35 cm) ausrollen und vorsichtig auf ein Backblech (30 x 40 cm, mit Backpapier belegt) legen, dabei die Teigränder überhängen lassen. Den Teig so belegen, dass ein etwa 10 cm breiter Rand frei bleibt. Dafür zuerst den Teig mit Semmelbröseln bestreuen. Dann den Parmesan darauf verteilen. Zuletzt Auberginen-Paprika-Gemüse daraufgeben und mit den Tomatenhälften belegen. Den überhängenden Teigrand darüberschlagen und leicht nachformen. Das Backblech in den vorgeheizten Backofen (untere Einschubleiste) schieben. Die Pie **35–40 Minuten goldbraun backen.**

7. Die Pie heiß oder kalt mit Basilikumblättchen bestreut servieren.

Zubereitungszeit: 65 Minuten, ohne Kühlzeit
Backzeit: 35–40 Minuten

Pro Portion:
E: 23 g, F: 47 g, Kh: 90 g, kJ: 3747, kcal: 895, BE: 7,5

35 Minuten

Für 4 Portionen:

250 g	Weizenmehl
15 g	frische Hefe
125 ml	warmes Wasser
1 EL	Zucker
	Salz
2 EL	Olivenöl

Für den Belag:

2	rote Paprikaschoten
1	Zucchini
2	rote Zwiebeln
2	Knoblauchzehen
2 EL	Olivenöl
1 Msp.	Chilipulver
250 ml	Tomatensaft
50 g	abgetropfte Kapernäpfel
50 g	schwarze Oliven
1 Bund	Basilikum

Begeistert Gäste

Pikante Ratatouille-Pizza mit Kapernäpfeln und Oliven

1. Für den Teig Mehl in eine Rührschüssel geben. In die Mitte eine Vertiefung drücken und die Hefe hineinbröckeln. 125 ml warmes Wasser, Zucker, 1 Prise Salz und das Olivenöl hinzufügen. Die Zutaten zu einem glatten Teig verarbeiten. Den Teig auf einer bemehlten Arbeitsfläche nochmals kräftig durchkneten und zugedeckt an einem warmen Ort etwa 45 Minuten gehen lassen.

2. In der Zwischenzeit für den Belag die Paprikaschoten halbieren, entstielen, entkernen und die weißen Scheidewände entfernen. Schoten abspülen, abtropfen lassen und in etwa 1 cm große Würfel schneiden. Zucchini abspülen, trocken tupfen und die Enden abschneiden. Zucchini ebenfalls in etwa 1 cm große Würfel schneiden. Die Zwiebeln abziehen und klein würfeln. Knoblauch abziehen und durch eine Knoblauchpresse drücken.

3. Olivenöl in einer Pfanne erhitzen. Das vorbereitete Gemüse darin unter Rühren andünsten. Mit Chili und Salz würzen. Tomatensaft hinzugießen und kräftig aufkochen lassen.

4. Den Backofen vorheizen.
   Ober-/Unterhitze: etwa 240 °C
   Heißluft: etwa 220 °C

5. Den gegangenen Teig auf der bemehlten Arbeitsfläche zu einem Rechteck (etwa 30 x 40 cm) ausrollen und auf ein Backblech (30 x 40 cm, gefettet) legen. Das Ratatouille-Gemüse darauf verteilen. Das Backblech in den vorgeheizten Backofen schieben. Die Pizza **12–15 Minuten knusprig braun backen.**

6. Das Backblech auf einen Rost stellen. Die Pizza mit Kapernäpfeln und Oliven belegen. Basilikum abspülen und trocken tupfen. Die Basilikumblättchen auf der Pizza verteilen.

Zubereitungszeit: 35 Minuten, ohne Teiggehzeit
Backzeit: 12–15 Minuten

Pro Portion:
E: 11 g, F: 16 g, Kh: 63 g, kJ: 1850, kcal: 442, BE: 5,0

30 Minuten

Vegan

Blanc Manger (Mandelmilchcreme) mit Beerenkompott

Für 4 Portionen:

6 g	Agar Agar (Seetangpulver zum Gelieren)
600 ml	Mandelmilch (rein pflanzlicher Milchersatz)
½	Vanilleschote
80 g	Zucker
½ Stange	Zimt
8 Tropfen	Bittermandelaroma
500 g	Erdbeeren
2 EL	Dr. Oetker Bourbon-Vanille-Zucker
250 g	Himbeeren
125 g	Blaubeeren
4 EL	geröstete, gehobelte Mandeln

1. Agar Agar in einer halben Tasse Mandelmilch glatt rühren. Die restliche Mandelmilch mit der ausgekratzten Vanilleschote, Vanillemark, Zucker, Zimt und Bittermandelaroma in einem Topf zum Kochen bringen. Das angerührte Agarpulver unter ständigem Rühren in den Topf geben und 1–2 Minuten unter Rühren kochen lassen.

2. Die Mandelmilch durch ein ganz feines Sieb passieren und sofort in 4 kalt ausgespülten Förmchen verteilen. Die Förmchen mit Frischhaltefolie zudecken und etwa 2 Stunden in den Kühlschrank stellen.

3. Die Erdbeeren putzen, abspülen, gut abtropfen lassen und vierteln. Die Hälfte der Erdbeeren mit Vanille-Zucker pürieren. Die Himbeeren und Blaubeeren verlesen, evtl. kurz abspülen, trocken tupfen und mit den restlichen Erdbeeren in die pürierte Erdbeersauce geben.

4. Die Förmchen mit der Mandelmilchcreme kurz in heißes Wasser tauchen und anschließend auf Dessertteller stürzen. Mit dem Beerenkompott und den Mandeln garnieren.

Zubereitungszeit: 30 Minuten, ohne Kühlzeit

Pro Portion:
E: 7 g, F: 12 g, Kh: 48 g, kJ: 1434, kcal: 342, BE: 4,0

15 Minuten

Für 4 Portionen:

1 Pck.	Dr. Oetker Pudding-Pulver Mandel-Geschmack
40 g	Zucker
500 ml	Milch (3,5 % Fett)
1 kleiner	Apfel
etwas	Butter
30 g	Sonnenblumenkerne
50 g	Zucker
5 EL	Schlagsahne

Für Kinder

Apfel-Karamell-Creme

1. Aus Pudding-Pulver, Zucker und Milch einen Pudding nach Packungsanleitung zubereiten. Frischhaltefolie direkt auf den Pudding legen, damit sich während des Erkaltens keine Haut bildet. Pudding erkalten lassen.

2. Den Apfel schälen, vierteln und entkernen. Die Apfelviertel in Spalten schneiden. Butter in einer Pfanne zerlassen, Apfelspalten darin bräunen, herausnehmen (einige Apfelspalten zum Garnieren beiseitelegen) und in 4 Dessertgläsern verteilen.

3. Den erkalteten Pudding mit einem Schneebesen durchschlagen und anschließend in die Dessertgläser füllen.

4. Die Sonnenblumenkerne in einer Pfanne ohne Fett goldbraun rösten, herausnehmen, auf einen Teller geben und abkühlen lassen.

5. Den Zucker in einem Topf hellbraun karamellisieren. Den Topf von der Kochstelle nehmen. Die Sahne in den Topf geben, die Masse unter Rühren so lange erhitzen, bis sich eine cremige Karamellmasse gebildet hat. Sonnenblumenkerne in die Karamellmasse geben. Den Topf von der Kochstelle nehmen. Beiseitegelegte Apfelspalten kurz in der Karamellmasse wenden und mit der restlichen Karamellmasse auf dem Pudding anrichten.

Zubereitungszeit: 15 Minuten, ohne Abkühlzeit

Pro Portion:
E: 7 g, F: 14 g, Kh: 42 g, kJ: 1344, kcal: 321, BE: 3,5

20 Minuten

Für 4 Portionen:

1 EL	Butter
1 EL	kernige Haferflocken
250 g	Schlagsahne (mind. 30 % Fett)
400 g	Äpfel
100 g	gehackte Mandeln
2 TL	flüssiger Honig
1 Prise	gem. Zimt

Das mögen Kinder

Knusprige Apfelspeise

1. Die Butter in einer Pfanne zerlassen. Haferflocken hinzugeben und bei schwacher Hitze unter Rühren goldbraun rösten, herausnehmen und auf einem Teller erkalten lassen.

2. Die Sahne steif schlagen. Äpfel abwaschen, trocken tupfen, vierteln und entkernen. Die Apfelviertel mit der Schale auf der groben Seite der Haushaltsreibe raspeln. Apfelraspel vorsichtig unter die Sahne heben. Die Mandeln ebenfalls unterheben.

3. Die Apfelspeise mit Honig und Zimt abschmecken, mit den gerösteten Haferflocken in Gläser schichten. Die Apfelspeise sofort servieren.

Zubereitungszeit: 20 Minuten, ohne Abkühlzeit

Pro Portion:
E: 8 g, F: 37 g, Kh: 22 g, kJ: 1920, kcal: 459, BE: 2,0

30 Minuten

Für 4 Portionen:

4	Pfirsiche
250 ml	Wasser
100 g	Zucker
1	Vanilleschote
1 TL	Rosenwasser
1	frische Rosenblüte (unbehandelt)
125 g	Himbeeren
50 g	Zucker

Vegan

Karamellisierte Pfirsiche mit Rosenblütensirup und Himbeeren

1. Die Pfirsiche kurz in kochendes Wasser legen, dann sofort in kaltem Wasser abschrecken. Die Pfirsiche enthäuten, halbieren und entsteinen.

2. Wasser mit Zucker, der ausgekratzten Vanilleschote, dem Vanillemark und dem Rosenwasser in einem Topf aufkochen.

3. Die Rosenblüte vorsichtig abspülen und trocken tupfen. Die Blütenblätter von der Rose zupfen. Die Himbeeren verlesen.

4. Zucker in einer unbeschichteten Pfanne hell karamellisieren lassen. Die Pfirsichhälften darin schwenken und in 4 tiefen Tellern verteilen. Den Rosenblütensirup daraufgeben.

5. Die karamellisierten Pfirsiche mit den Himbeeren und Blütenblättern garnieren.

Zubereitungszeit: 30 Minuten

Pro Portion:
E: 1 g, F: 0 g, Kh: 51 g, kJ: 911, kcal: 218, BE: 4,5

35 Minuten

8 Stück:

Für die Crêpes:

180 g	Weizenmehl
3	Eier (Größe M)
300 ml	Soja-Schoko-Drink (Fertigprodukt)
100 ml	Mineralwasser
2 TL	Zucker

Für den Mandarinenquark:

175 g	abgetropfte Mandarinen (aus der Dose)
250 g	Speisequark (20 % Fett i. Tr.)
5 EL	Mandarinensaft (aus der Dose)
1 Pck.	Dr. Oetker Vanillin-Zucker
1 EL	flüssiger Honig
1 EL	Zitronensaft
2 Stängel	Zitronenmelisse
8 EL	Speiseöl, z. B. Rapsöl
30 g	gehobelte Mandeln

Raffiniert – zum Dahinschmelzen

Soja-Schoko-Crêpes mit Mandarinenquark

1. Für den Crêpes-Teig Mehl in eine Rührschüssel geben. Eier mit Soja-Schoko-Drink, Mineralwasser und Zucker verschlagen, nach und nach unter Rühren zum Mehl geben. Darauf achten, dass keine Klümpchen entstehen. Den Teig etwa 30 Minuten ruhen lassen.

2. Für den Mandarinenquark von den Mandarinen den Saft auffangen und 5 Esslöffel abmessen.

3. Quark mit dem abgemessenen Mandarinensaft, Vanillin-Zucker, Honig und Zitronensaft verrühren. Mandarinen vorsichtig unter die Quarkmasse heben.

4. Zitronenmelisse abspülen und trocken tupfen. Die Blättchen von den Stängeln zupfen und beiseitelegen.

5. Etwas von dem Speiseöl in einer beschichteten Pfanne (Ø 28 cm) erhitzen. Den Teig gut durchrühren und eine dünne Teiglage mit einer drehenden Bewegung auf dem Boden der Pfanne verteilen. Einige Mandeln auf den noch flüssigen Teig streuen. Crêpe von beiden Seiten etwa 2 Minuten backen. Bevor die Crêpe gewendet wird, etwas Speiseöl in die Pfanne geben. Crêpe herausnehmen und warm stellen. Weitere 7 Crêpes aus dem restlichen Teig zubereiten.

6. Mandarinenquark gleichmäßig auf den Crêpes verteilen und die Crêpes jeweils zu einer Spitztüte zusammenlegen. Die Soja-Schoko-Crêpes mit den beiseitegelegten Zitronenmelisseblättchen garnieren.

Zubereitungszeit: 35 Minuten, ohne Ruhezeit

Pro Stück:

E: 11 g, F: 13 g, Kh: 30 g, kJ: 1181, kcal: 282, BE: 2,5

20 Minuten

Für 4 Portionen:

1 Pck.	Dr. Oetker Pudding-Pulver Schokoladen-Geschmack
2 EL	Zucker
400 ml	Milch (3,5 % Fett)
8	abgetropfte Pfirsichhälften (aus der Dose)
150 g	Crème fraîche

Schmeckt auch Kindern

Pfirsiche mit Schokopudding

1. Aus Pudding-Pulver, Zucker und Milch einen Pudding nach Packungsanleitung, aber mit der hier angegebenen Milchmenge zubereiten. Den Pudding erkalten lassen, dabei ab und zu durchrühren oder Klarsichtfolie sofort nach dem Kochen direkt auf die Puddingoberfläche legen, damit sich keine Haut bildet.

2. Pfirsichhälften mit der Wölbung nach unten auf einen großen Teller oder eine Platte legen.

3. Von der Crème fraîche 4 Teelöffel abnehmen. Die restliche Crème fraîche unter den Pudding rühren und die Pfirsichhälften damit füllen.

4. Je 1 Teelöffel der abgenommenen Crème fraîche in die Mitte des Schokoladenpuddings geben und mit einem Holzstäbchen durchziehen, sodass ein Marmormuster entsteht.

Zubereitungszeit: 20 Minuten, ohne Abkühlzeit

Pro Portion:

E: 5 g, F: 15 g, Kh: 37 g, kJ: 1277, kcal: 306, BE: 3,0

Tipp:

Gebäckstäbchen mit Schokoladenglasur dazureichen.

30 Minuten

Für 4 Portionen:
Für den Vanillepudding:

60 g	Maisstärke
800 ml	Sojamilch (natur, ungesüßt)
50 g	Zucker
1	Vanilleschote

Für das Erdbeer-Rhabarber-Kompott:

300 g	junger Rhabarber
100 g	Zucker
250 g	Erdbeeren
evtl. einige	Minzeblättchen

Vegan – schmeckt auch Kindern

Vanillepudding mit Erdbeer-Rhabarber-Kompott

1. Für den Pudding die Maisstärke mit einer Tasse Sojamilch glatt rühren. Die restliche Sojamilch mit dem Zucker, der ausgekratzten Vanilleschote und dem Vanillemark in einem Topf zum Kochen bringen.

2. Angerührte Maisstärke in die von der Kochstelle genommene Sojamilch rühren und unter Rühren gut aufkochen lassen. Den Topf von der Kochstelle nehmen und die Vanilleschote entfernen.

3. Den Vanillepudding in kalt ausgespülten Puddingschalen verteilen, zugedeckt leicht abkühlen lassen und anschließend in den Kühlschrank stellen.

4. Für das Kompott Rhabarber nach Belieben abziehen. Stangen abspülen, abtropfen lassen, Stielenden und Blattansätze entfernen. Die Stangen in etwa 3 cm lange Stücke schneiden. Den Zucker mit 125 ml Wasser in einem Topf zum Kochen bringen. Die Rhabarberstücke darin etwa 3 Minuten kochen lassen, sodass die Stücke nicht zerfallen. Rhabarberstücke sofort aus dem Topf nehmen, abkühlen lassen und in den Kühlschrank stellen.

5. Die Erdbeeren putzen, abspülen, abtropfen lassen und vierteln. Erdbeerstücke mit dem Rhabarber vorsichtig vermischen.

6. Erdbeer-Rhabarber-Kompott auf dem Vanillepudding verteilen und nach Belieben mit abgespülten, trocken getupften Minzeblättchen garnieren.

Zubereitungszeit: 30 Minuten, ohne Kühlzeit

Pro Portion:
E: 8 g, F: 4 g, Kh: 35 g, kJ: 889, kcal: 212, BE: 3,0

20 Minuten

Für 4 Portionen:

2	Eiweiß (Größe M)
5	Eigelb (Größe M)
120 g	Zucker
1 Prise	gem. Zimt
300 ml	Rotwein
50 g	Zartbitter-Raspelschokolade

Mit Alkohol

Rossumada

1. Eiweiß steif schlagen. Eigelb, Zucker und Zimt in einer Edelstahlschüssel im heißen Wasserbad mit einem Mixer (Rührstäbe) schaumig schlagen. Unter ständigem Schlagen nach und nach den Rotwein hinzugießen. So lange weiterschlagen, bis die Creme anfängt fest zu werden. (Die Creme darf nicht kochen!) Eischnee hinzufügen und in etwa 1 Minute unterschlagen.

2. Die Creme in 4 Portionsgläser füllen und etwa 1 Stunde in den Kühlschrank stellen. Rossumada mit Raspelschokolade bestreut servieren.

Zubereitungszeit: 20 Minuten, ohne Kühlzeit

Pro Portion:
E: 7 g, F: 11 g, Kh: 39 g, kJ: 1363, kcal: 325, BE: 3,0

Hinweis:
Nur ganz frische Eier verwenden, die nicht älter als 5 Tage sind (Legedatum beachten!). Die fertige Speise im Kühlschrank aufbewahren und innerhalb von 24 Stunden verzehren.

20 Minuten

Für 4 Portionen:

100 g	Zucker
1 EL	Butter
500 ml	Milch (3,5 % Fett)
3 EL	Speisestärke
20 g	Zucker
100 g	Mini-Florentiner-Gebäck
125 g	Schlagsahne (mind. 30 % Fett)

Für Gäste

Karamellcreme

1. Zucker in einem Topf karamellisieren. Butter unterrühren. Den Topf von der Kochstelle nehmen. 375 ml von der Milch in den Topf geben und wieder auf die Kochstelle stellen. Die Karamellmilch zum Kochen bringen.

2. Speisestärke mit Zucker und der restlichen Milch anrühren, unter Rühren in die Karamellmilch rühren und unter Rühren aufkochen lassen. Den Topf von der Kochstelle nehmen. Die Karamellmasse erkalten lassen, dabei ab und zu durchrühren.

3. Die Florentiner (2 Stück zum Garnieren beiseitelegen) in kleine Stücke brechen oder hacken. Sahne steif schlagen und unter die Karamellmasse heben. Die Karamellcreme mit den Florentiner-Stücken in eine Glasschüssel oder in Portionsschälchen schichten und zugedeckt in den Kühlschrank stellen.

4. Beiseitegelegte Florentiner halbieren. Die Karamellcreme damit garnieren.

Zubereitungszeit: 20 Minuten, ohne Abkühlzeit

Pro Portion:
E: 8 g, F: 27 g, Kh: 59 g, kJ: 2124, kcal: 508, BE: 5,0

30 Minuten

Für 4 Portionen:

250 g	weiße Schokolade (Reismilch, laktosefrei)
250 g	Zartbitter-Schokolade (Reismilch, laktosefrei)
500 g	Erdbeeren
2	Bananen
etwas	Zitronensaft
½	Ananas
½	Cantaloupe-Melone
250 g	Physalis

Außerdem:

einige	Holzspieße

Vegan

Obst in weiße und braune Schokolade getaucht

1. Den Backofen vorheizen.
   Ober-/Unterhitze: etwa 80 °C

2. Die Schokoladen getrennt grob hacken, in 2 ofenfeste Schüsseln geben. Die Schüsseln auf dem Rost in den vorgeheizten Backofen schieben. Die Schokolade unter mehrmaligem Umrühren schmelzen.

3. Die Erdbeeren putzen, abspülen und abtropfen lassen. Nach Belieben etwas von dem Grün stehen lassen. Die Bananen schälen, vierteln und mit Zitronensaft bestreichen. Die Ananas schälen und den mittleren harten Strunk herausschneiden. Ananashälfte in mundgerechte Stücke schneiden. Die Melone schälen, halbieren und entkernen. Das Fruchtfleisch von einer Melonenhälfte in große Stücke (Keile) schneiden. Die Lampions der Physalis aufreißen und in Form eines Stiels zusammendrehen.

4. Die geschmolzenen Schokoladen auf Stövchen warm halten. Die Obststücke auf Holzspieße gesteckt in die Schokolade tauchen.

Zubereitungszeit: 30 Minuten

Pro Portion:
E: 12 g, F: 40 g, Kh: 110 g, kJ: 3578, kcal: 854, BE: 9,0

Kurze Ernährungslehre

Ernährung ohne Fleisch und Fisch – Vegetarische Ernährung

Vegetarische Ernährung liegt immer mehr im Trend bei den Verbrauchern in Deutschland (derzeit über 6 Millionen).

Vegetarische Ernährung ist nicht zu verwechseln mit der Vollwerternährung. Wer sich vegetarisch ernährt, verzichtet bewusst auf Fleisch, Geflügel, Fisch sowie Wurstwaren inklusive Rinder- und Hühnerbrühe. Dazu auf sogenannte Zusatzstoffe und Aromen auf tierischer Basis wie Schlachtfette (die zum Teil Lebensmitteln zugesetzt werden) oder Gelatine.

Ist fleischlos essen gesünder?

Die neuesten Untersuchungen zeigen, dass Vegetarier oftmals älter werden, als der Durchschnitts-Normalbürger. Studien belegen, dass durch vegetarische Ernährung folgende Werte verändert werden:

- Harnsäurewert (geringeres Gichtrisiko)
- Cholesterinwerte (geringeres Risiko für Herzkrankheiten)
- Blutdruck (geringeres Schlaganfallrisiko)
- Körpergewicht (besserer Allgemeinzustand)
- Widerstandskraft gegen Krankheiten nimmt zu (Vegetarier werden seltener krank)

Prinzipiell ist eine vegetarische Kost damit bedenkenlos möglich. Diese Tatsache beruht auch darauf, dass sich die meisten Vegetarier mehr Gedanken um ihre gesunde Ernährung machen. Durch ihre fleischfreie Ernährung essen sie gleichzeitig weniger Fett und Eiweiß (Protein). Das schützt vor den sogenannten Zivilisationskrankheiten wie Diabetes, Gicht oder Fettstoffwechselstörungen.

Fazit: Fleisch ist als tierische Proteinquelle nicht unbedingt nötig. Wer jedoch einfach Fleisch und Fleischprodukte weglässt, bei dem kann es zu Mangelerscheinungen kommen, da er seine Nahrung eventuell falsch zusammenstellt.

Wichtig ist immer ein abwechslungsreicher Speiseplan, dann kann man sich – auch ohne Fleisch – gesund ernähren. Dazu sollte man auf die richtige Kombination verschiedener Proteinträger achten, damit das pflanzliche Eiweiß besser ausgenutzt werden kann.

Gemüse und Hülsenfrüchte spielen hier die Hauptrollen

Vegetarier ernähren sich vorwiegend (Veganer ausschließlich) von pflanzlichen Lebensmitteln und verzichten weitgehend auf tierische Lebensmittel. Die Argumente für vegetarisches Essen sind ganz verschieden. Für einige ist der Gesundheitsaspekt sehr wichtig, andere lehnen aus religiösen oder Umweltgründen tierische Produkte ab.

Bei der vegetarischen Ernährung gibt es verschiedene Ausprägungen – abhängig nach dem Anteil erlaubter tierischer Lebensmittel. Hier eine Übersicht über die gängigsten drei vegetarischen Ernährungsformen:

• Ovo-lacto-vegetabile Ernährung

Neben der pflanzlichen Kost (wie Gemüse und Hülsenfrüchte) werden auch tierische Produkte von lebenden Nutztieren – wie Milch, Milchprodukte und Eier – verzehrt. Ovo-Lacto-Vegetarier verzehren generell kein Fleisch, dazu zählen auch Wurstwaren, Wild, Geflügel, Fisch und Meerestiere.

In Deutschland ernähren sich die meisten Vegetarier ovo-lakto-vegetabil.

• Lacto-vegetabile Ernährung

Diese Ernährungsform ähnelt der von Ovo-Lacto-Vegetariern, jedoch wird zusätzlich auf den Verzehr von Eiern verzichtet, sowohl frisch als auch in Form von Teigwaren, Kuchen, Saucen und anderem mehr.

• Vegane Ernährung

Die Ernährung des Veganers besteht ausschließlich aus Pflanzenkost. Tierische Produkte (egal von welchem Nutztier) werden generell aus Tierliebe und Respekt gegenüber dem Lebewesen Tier abgelehnt. Dazu zählen nicht nur Fleisch und Wurst, Fisch und Meerestiere, Wild und Geflügel, Milch, Milchprodukte und Eier, sondern sogar Honig.

Was ist generell zu beachten?

Ovo-lacto-vegetabile und Lacto-vegetabile Kost ist prinzipiell zu begrüßen und zu verantworten, da sie bei einer ausgewogenen, bunt zusammengestellten Nahrung die wichtigsten Bausteine der Ernährung liefert. Gleichzeitig sinkt das Risiko an Bluthochdruck oder anderen Zivilisationskrankheiten zu erkranken.

Es kann jedoch bei beiden Ernährungsformen zu einem falschen Mischungsverhältnis zwischen Ballaststoffen und Eiweiß kommen. Oftmals ist dann die Proteinzufuhr überhöht, weil zu wenig Gemüse und Hülsenfrüchte verzehrt werden.

Die vegane Ernährung ist nach der Empfehlung der DGE nur für gesunde Erwachsene als dauerhafte Ernährungsweise geeignet, unter der Voraussetzung, dass Veganer sich unbedingt detaillierte Ernährungskenntnisse aneignen. Denn durch diese Ernährungsform kann es leicht zu einem Nährstoff-Mangel kommen. Wer sich vegan ernähren möchte, sollte das unbedingt mit seinem Hausarzt besprechen und sich regelmäßig untersuchen lassen. (Schwangere, Kinder und ältere Menschen sollten sich möglichst nicht vegan ernähren).

Auf die Mischung kommt es an

Die vegetarische Ernährung beruht auf folgenden Nahrungsmittelgruppen, die möglichst täglich – in abwechslungsreicher Zusammenstellung – verzehrt werden sollten:

Die Basis: Kohlenhydrate machen satt und fit

Getreideprodukte wie Bulgur, Couscous, Dinkel oder Weizen, Hafer, Hirse und Kartoffeln machen angenehm satt. (Vollkorn-)Reis, (Vollkorn-) Nudeln und Hülsenfrüchte (wie Erbsen, Linsen) enthalten auch viele sättigende Kohlenhydrate, die gleichzeitig unseren Körper mit Energie versorgen.

Tipp: Wird Getreide mit Hülsenfrüchten kombiniert, so kann man die biologische Wertigkeit erhöhen.

Fünf am Tag

Es wird nach wie vor empfohlen zwei Händevoll Obst und drei Gemüseportionen am Tag (insgesamt etwa 600 g) zu essen (egal ob roh oder gekocht). In den bunten Lebensmitteln stecken viele Vitamine, Mineralstoffe, sekundäre Pflanzenstoffe und Ballaststoffe. Besonders die Gruppe der Ballaststoffe – stecken auch in Getreide, (Vollkorn-)Reis & Co – macht uns satt, ist hilfreich für die Verdauung, reguliert den Blutzucker und senkt den Cholesterinspiegel.

Ballaststoffe sind im Darmtrakt zu vergleichen mit kleinen Schwämmen: Sie nehmen Flüssigkeiten auf, vergrößern den Darminhalt und können so schneller den Darm durchlaufen. Die Folge: Eventuelle Schadstoffe bleiben kürzer im Darm und werden rechtzeitig ausgeschieden.

Wer täglich genügend Ballaststoffe aufnimmt, verhindert Verstopfungen und die damit verbundenen Risiken wie Erkrankung des Verdauungstraktes oder Darmkrebs.

Milch und Milchprodukte haben einiges zu bieten:

Neben Eiweiß und Calcium, vor allen die fettlöslichen Vitamine A, D, E und K. Allerdings: Je fettreicher die Milch oder die Milchprodukte sind, desto mehr Fett und Cholesterin enthalten sie. Deshalb evtl. fettarmen Produkten den Vorzug geben.

Die Aufnahme von Calcium wird gefördert durch Vitamin D (steckt allerdings am meisten in Leber und Fisch). Der Mensch kann auch selbst dieses Vitamin bilden: Durch Sonnenlicht entsteht es in der Haut – deshalb einen Spaziergang von mindestens 15 Minuten am Tag einplanen.

Hülsenfrüchte (und eventuell ein Ei) machen Sinn

Eiweiß ist notwendig zum Erhalt der körpereigenen Proteine, zum Muskelaufbau, der Immunabwehr und der täglichen Energiezufuhr. Der Eiweißbedarf liegt beim Richtwert in Höhe von 0,8 g Eiweiß/kg Körpergewicht – eine Menge, die mit vegetarischer Ernährung (und auch veganer Ernährung) problemlos erreichbar ist. Vorausgesetzt, dass man genügend isst (auf ausreichende Energiezufuhr achtet) und sich nicht extrem einseitig ernährt.

Hülsenfrüchte und Eier liefern dafür hochwertiges Eiweiß. Hintergrund: Unser Körper benötigt 20 Aminosäuren, davon kann der Körper zwölf selbst herstellen. Die anderen acht essentiellen, lebensnotwendigen Aminosäuren müssen wir in ausgewogener Kombination mit unserer Nahrung selbst zufügen.

Alle acht lebensnotwendigen essentiellen Aminosäuren (wie Isoleucin, Leucin, Lysin, Methionin, Phenylalanin, Threonin, Tryptophan und Valin) kommen in pflanzlichen Proteinquellen vor. Wichtig ist nur, dass man sich nicht einseitig ernährt (z.B. ohne Hülsenfrüchte, Getreide und Nüsse), denn dann klappt es nicht mit der sogenannten biologischen Wertigkeit.

Pflanzenöle und -fette sind wichtig

Aus ernährungsphysiologischer Sicht sind pflanzliche Fette und Öle wertvoller als tierische, weil sie wertvolle einfach und mehrfach ungesättigte Fettsäuren enthalten, die sich u.a. positiv auf den Cholesterinspiegel auswirken.

Unser Körper benötigt lebensnotwenige Fettsäuren, die er selbst nicht produzieren kann. Deshalb ist es wichtig, dass Fett zugeführt wird. Kleiner Nebeneffekt: Die fettlöslichen Vitamine (A, D, E und K) können so besser aufgenommen werden und wirken.

Allerdings liefert Fett viele Kalorien. Deshalb sparsam einsetzen (nicht mehr als 60–80 g pro Tag). Nicht vergessen: Viele Fertigprodukte enthalten versteckte Fette.

Kräuter statt Salz

Wie bei der vollwertigen Ernährung sollte auch bei der vegetarischen Ernährung Salz stets nur sparsam eingesetzt werden (maximal 5 g/Tag), da kleine Salzmengen vielen Produkten zugesetzt werden.

In der vegetarischen Ernährung wird viel Wert auf Kräuter gelegt, diese ersetzen auf natürliche Weise das Salz. Alle bekannten Würzkräuter wie Petersilie, Schnittlauch, Kresse u.a.m. haben unterschiedliche Vitalstoffe. Je nach Kraut enthalten sie mehr oder weniger Harze, Bitter-, Gerb- und Schleimstoffe, Mineralstoffe oder Vitamine.

Wichtig: Frisch geerntet sind sie am wertvollsten (ideal ist ein Kräuterbeet im Garten oder im Balkonkasten).

Nicht vergessen: Kräuter stets kurz vor dem Gebrauch kurz abspülen, trocken tupfen und anschließend – möglichst mit einem großen Messer – klein schneiden (und nicht hacken), so bleibt ihr Aroma am ehesten erhalten.

Aufgepasst in der Veggie-Küche: Der Blick lohnt sich

Vegetarier bevorzugen in der Regel beim Einkauf naturbelassene Lebensmittel – das ist sehr gut so. Wenn weiterverarbeitete Lebensmittel wie Käse, Brotaufstriche, fertig gekauftes Brot, Marmelade, Pizza, vegane

Würstchen u.a.m. im Einkaufskorb landen, ist der Blick auf die Zutatenliste unverzichtbar. Hier kann man nachlesen, ob die Zutaten wirklich auf pflanzlicher Basis hergestellt werden. Manche Hersteller werben auch mit speziellen Aufdrucken für vegane Kost.

Gelatine – nicht nur in Gummibärchen

Gelatine ist ein Geliermittel, das aus Teilen vom Rind und Schwein hergestellt wird. Es ist ein durchsichtiges, geruchs- und geschmacksneutrales Lebensmittel.

Gelatine kann in Gummibärchen (und anderen Süßwaren), Puddings, Joghurtzubereitungen, Frischkäse, Backwaren u.a.m. vorkommen.

In der vegetarischen Ernährung werden pflanzliche Gelier- und Bindestoffe eingesetzt. Dazu zählen z.B. Alginsäure (E 400), Agar Agar (E 406), Carageen (E 407), Guarkernmehl (E 412), Johanniskernbrotmehl (E 410), Pektin (E 440), Sago (hier gibt es keine E-Nummer, da es ein Lebensmittel ist), Traganth (E 413).

Als Vegetarier sollte man trüben Fruchtsäften und evtl. Weinen den Vorzug geben. Gelatine wird bei Getränken oftmals zum Binden der Trübstoffe verwendet, damit diese schön klar werden.

Wer Medikamente einnehmen muss, wird feststellen, dass viele Kapseln, Zäpfchen usw. auch aus Gelatine bestehen – ggfs. Arzt und Apotheker darauf ansprechen.

Lab – steckt im Käse

Die Käseherstellung funktioniert durch das Säuern mit Milchsäurebakterien (Dickmilch, Joghurt) oder durch eiweißspaltende Enzyme (Lab).

Die Herstellung von fast allen Weich-, Schnitt- und Hartkäsen sieht die Zugabe von Lab vor.

Lab stammt aus dem Kälbermagen und wird von Veganern abgelehnt. Es gibt pflanzliche Labaustauschstoffe (diese werden noch nicht zur Käseherstellung benutzt, da sie den Käsegeschmack zu sehr verändern) und mikrobielle (auf der Basis von bestimmten Schimmelpilzkulturen). Gentechnisches Lab ist seit 1997 in Deutschland zugelassen.

Käse der biologischen Anbau-Verbände (im Naturkostladen) erzeugen bisher keinen Käse mit Gen-Lab.

Auf der Verpackung steht, ob der Käse mit tierischem oder mikrobiellem Lab versetzt wurde oder fragen Sie beim Verkaufspersonal nach.

Fertigprodukte

Viele Supermärkte bieten in ihren Regalen vegetarische Schnitzel, Würste, Aufschnitt, Brotaufstriche u.v.m. an. Dies hat den praktischen Vorteil, dass man dieselbe Mahlzeit für Vegetarier und Nicht-Vegetarier kochen kann. Allerdings sind besonders die Fleischersatzprodukte verhältnismäßig teuer.

Bevor neue Produkte in den Einkaufswagen gelangen: Unbedingt die Zutatenliste lesen.

Bei Vegetariern sind Sojaprodukte besonders beliebt, z.B. in Form von Sojasaucen (Miso), -milch, -kaffee, -mehl oder -quark (Tofu). Die Basis sind Sojabohnen, die ballaststoffreich sind und viele essentielle Aminosäuren haben.

Wo verstecken sich eventuell tierische Lebensmittel?

Die Zutatenliste soll dem Verbraucher darüber Auskunft geben, was in einem Lebensmittel steckt. Konkret: Was an erster Stelle steht, ist auch mengenmäßig am meisten enthalten.

Ausnahmen bestehen unter anderem bei der „25-Prozent-Regelung“. Das heißt, dass zusammengesetzte Zutaten, die weniger als 25% eines Produktes ausmachen, nicht in ihren Einzelheiten deklariert werden müssen.

Lose Waren (Obst, Gemüse und Kartoffeln sowie Süß- und Backwaren) als auch figürliche Zuckerwaren (Osterhase, Weihnachtsmann) müssen ebenso nicht gekennzeichnet werden.

Je höher ein Fertigprodukt weiter verarbeitet wurde, desto häufiger stehen viele zusammengesetzte Zutaten auf der Zutatenliste. Diesen weiter verarbeiteten Lebensmitteln werden oft Zusatz-, Farb-, Aroma- und Konservierungsstoffe, Emulgatoren als auch Geschmacksverstärker zugesetzt. Sie werden zwar deklariert – aber nicht ihre Herkunft. Deshalb können einige aus dem Tierreich kommen: Beispiel E 120 (echtes Karmin) – ist ein roter Farbstoff, der aus Schildläusen gewonnen wird.

Insgesamt sind knapp 300 Zusatzstoffe in der EU erlaubt (Verbraucherzentralen und ähnliche Organisationen bieten eine Übersicht der gängigen E-Nummern an). Vegetarier und Veganer sollten deshalb die Zutatenliste genauestens studieren. Auch hier können Kennzeichnungen von Anbau-Verbänden hilfreich sein.

Einige Beispiele aus der Praxis, bei denen man nicht auf dem ersten Blick vermutet, dass die Produkte aus dem Tierreich kommen:

- Molke: Restflüssigkeit, die bei der Käseherstellung entsteht. Molke wird Kuchen, Keksen, Broten und Süßigkeiten zugesetzt. Alternativ: Sojamolke
- Ölsäure: Eine Mischung aus pflanzlichen und tierischen Ölen. Alternativ: Pflanzenöle
- Schellack: Wird gewonnen aus Ausscheidungen der Lackschildlaus. Überzug für Süßigkeiten. Alternativ: Pflanzliche Wachse
- Frittierfette: Enthalten oft tierische Fette. Alternativ: Pflanzenöle
- Stearinsäure: Stammt vom Schwein, Pflanzen oder der Kokosnuss.

Verwendung in Kaugummis oder als Geschmacksverstärker
- Farbstoffe (E 100 bis E 180) können aus tierischen Quellen kommen
- Glycin: Stammt zum Teil vom Tier, Verwendung als Geschmacksverstärker (E 640)

Zum Schluss Tipps für den Alltag des Vegetariers:

Möglichst abwechslungsreich vegetarisch essen.

Dem Energiebedarf angepasst ernähren.

Möglichst naturbelassene Lebensmittel verwenden: Vollkornbrot statt Weißbrot, Vollkornreis statt geschältem Reis.

Jeden Tag verschiedene Eiweißquellen einplanen: Hülsenfrüchte, Sojaprodukte, Nüsse, Samen, Getreide und eiweißreiche Gemüsesorten (wie Rosenkohl, Spinat, Topinambur, Okraschoten oder verschiedene Sprossen).

Lebensmitteln aus dem Bio-Segment den Vorzug geben. Dieses hat – durch den Anbau – meist mehr Vitamine und Mineralstoffe.

1 Prise	die Menge, die zwischen Daumen und Zeigefinger passt
1 Msp. (Messerspitze)	die Menge, die auf die Spitze eines Messers passt
1 gestr. TL oder EL (gestrichener Tee- oder Esslöffel)	die Menge, die auf Tee- oder Esslöffel (mit einem Messerrücken) glatt gestrichen passt
1 geh. TL oder EL (gehäufter Tee- oder Esslöffel)	die Menge, die maximal auf einen Tee- oder Esslöffel passt

Bei den Nährwertangaben in den Rezepten handelt es sich um auf- bzw. abgerundete ganze Werte. Lediglich die Broteinheiten werden in 0,5er-Schritten mit einer Stelle nach dem Komma angegeben.

Aufgrund von ständigen Rohstoffschwankungen und/oder Rezepturveränderungen bei Lebensmitteln kann es zu Abweichungen kommen. Die Nährwertangaben dienen daher lediglich Ihrer Orientierung und eignen sich nur bedingt für die Berechnung eines Diätplans, zum Beispiel bei Krankheiten wie Diabetes.

Bei krankheitsbedingten Diäten richten Sie sich daher bitte nach den Anweisungen Ihres Diätassistenten bzw. Ihres Arztes.

Hinweise zu den Rezepten

Lesen Sie bitte vor der Zubereitung – besser noch vor dem Einkauf – das Rezept einmal vollständig durch. Oft werden Arbeitsabläufe oder -zusammenhänge dann klarer.

Zutatenliste

Die Zutaten sind in der Reihenfolge ihrer Verarbeitung aufgeführt.

Arbeitsschritte

Die Arbeitsschritte sind einzeln hervorgehoben, in der Reihenfolge, in der sie von uns ausprobiert wurden.

Zubereitungszeiten

Die Zubereitungszeit ist ein Anhaltswert für die Dauer der Vorbereitung und die eigentliche Zubereitung. Längere Wartezeiten wie Kühl- oder Abkühlzeiten, Auftau- und Durchziehzeiten sind, sofern parallel keine weitere Tätigkeit erfolgt, nicht in der Zubereitungszeit enthalten. Die Garzeiten werden in der Regel gesondert ausgewiesen.

Backofeneinstellung und Garzeiten

Die in den Rezepten angegebenen Garzeiten sind Richtwerte, die je nach individueller Hitzeleistung Ihres Backofens über- oder unterschritten werden können.

Die Temperaturangaben in diesem Buch beziehen sich auf Elektrobacköfen. Die Temperatureinstellungsmöglichkeiten für Gasbacköfen variieren je nach Hersteller, sodass wir keine allgemeingültigen Angaben machen können. Bitte beachten Sie deshalb bei der Einstellung des Backofens die Gebrauchsanleitung des Herstellers.

Abkürzungen

EL = Esslöffel
TL = Teelöffel
Msp. = Messerspitze
Pck. = Packung/Päckchen
g = Gramm
kg = Kilogramm
ml = Milliliter
l = Liter
evtl. = eventuell
geh. = gehäuft
gestr. = gestrichen
gem. = gemahlen
ger. = gerieben
TK = Tiefkühlprodukt
°C = Grad Celsius
Ø = Durchmesser

Kalorien-/ Nährwertangaben

E = Eiweiß
F = Fett
Kh = Kohlenhydrate
kcal = Kilokalorien
kJ = Kilojoule
BE = Broteinheiten

Kapitelregister

Vorspeisen, Snacks, Salate, und Brotaufstriche

Suppen und Eintöpfe

Hauptgerichte

Desserts

Alphabetisches Register

Für Fragen, Vorschläge oder Anregungen stehen Ihnen der Verbraucherservice der Dr. Oetker Versuchsküche Telefon: 0 08 00 71 72 73 74 Mo.–Fr. 8:00–18:00 Uhr, Sa. 9:00–15:00 Uhr (gebührenfrei in Deutschland)
oder die Mitarbeiter des Dr. Oetker Verlages
Telefon: +49 (0) 521 5206 50 Mo.–Fr. 9:00–15:00 Uhr zur Verfügung.
Schreiben Sie uns: Dr. Oetker Verlag KG, Am Bach 11, 33602 Bielefeld oder besuchen Sie uns im Internet unter www.oetker-verlag.de, www.facebook.com/Dr.OetkerVerlag oder www.oetker.de.

Umwelthinweis: Dieses Buch und der Einband wurden auf chlorfrei gebleichtem Papier gedruckt. Die Einschrumpffolie – zum Schutz vor Verschmutzung – ist aus umweltfreundlichem und recyclingfähigem PE-Material.

Copyright: © 2012 by Dr. Oetker Verlag KG, Bielefeld

Redaktion: Carola Reich, Annette Riesenberg, Christina Langner

Titelfoto: Thomas Diercks, Hamburg

Innenfotos: Walter Cimbal, Hamburg (S. 28)
Fotostudio Diercks (Thomas Diercks, Kai Boxhammer, Christiane Krüger), Hamburg (S. 6, 8, 10, 14, 23, 26, 28, 30, 32, 34, 36, 37, 39, 41, 44, 45, 47, 51, 52, 55, 56, 60, 63, 64, 67, 71, 75, 79, 83, 84, 88, 92, 96, 99, 100, 107, 108, 112, 116, 120)
Ulli Hartmann, Halle/Westf. (S. 110, 111, 115, 118, 119)
Janne Peters, Hamburg (S. 9, 13, 16, 17, 19, 20, 24, 25, 40, 42, 44, 48, 49, 59, 68, 72, 76, 80, 87, 91, 95, 98, 103, 104)
Antje Plewinski, Berlin (S. 4)
Axel Struwe, Bielefeld (S. 31)
Brigitte Wegner, Bielefeld (S. 114)

Nährwertberechnungen: Nutri Service, Hennef

Grafisches Konzept, Satz und Gestaltung: kontur:design, Bielefeld
Titelgestaltung: kontur:design, Bielefeld

Reproduktionen: d&d digital data medien GmbH, Bad Oeynhausen
Druck und Bindung: Druckerei Stürtz, Würzburg

Die Autoren haben dieses Buch nach bestem Wissen und Gewissen erarbeitet. Alle Rezepte, Tipps und Ratschläge sind mit Sorgfalt ausgewählt und geprüft. Eine Haftung des Verlages und seiner Beauftragten für alle erdenklichen Schäden an Personen, Sach- und Vermögensgegenständen ist ausgeschlossen.
Nachdruck und Vervielfältigung (z. B. durch Datenträger aller Art) sowie Verbreitung jeglicher Art, auch auszugsweise, nur mit ausdrücklicher Genehmigung und Quellenangabe gestattet.

ISBN 978-3-7670-0852-6